河圖洛書 講解
하도낙서 강해

一愚 박 종 구 지음

등대지기

하도낙서강해

초판 1쇄 발행 | 2018년 8월 10일
초판 2쇄 발행 | 2021년 5월 25일

지 은 이 | 박 종 구
펴 낸 이 | 박 세 희

펴 낸 곳 | (주) 도서출판 등대지기
등록번호 | 제2013-000075호
등록일자 | 2013년 11월 27일

주   소 | 153-768 서울시 가산디지털2로 98.
　　　　　　 가산동 롯데IT캐슬 2동 1110호
대표전화 | (02)853-2010
팩   스 | (02)857-9036
이 메 일 | sehee0505@hanmail.net

편집·디자인 | 조 인 영

ISBN 979-11-6066-026-5
ⓒ 하도낙서강해 2018, PRINTED IN SEOUL. KOREA
값 15,000원

*잘못된 책은 구입하신 서점에서 바꾸어 드립니다.

一愚 박 종 구 지음

하도낙서 강해

서 문	10
1. 河圖란 무엇인가	12
2. 洛書란 무엇인가	14
3. 河圖의 5와 10	16
4. 河圖洛書 다섯 점의 비밀	19
5. 河圖數와 25方	22
6. 河圖數와 五行	25
7. 河圖와 陽性子	27
8. 河圖洛書와 相生相剋	31
9. 洛書數와 魔方陣	33
10. 구구표와 河圖洛書(1)	36
구구표와 河圖洛書(2)	38
11. 구구표와 삼각수	42
12. 구구표와 사각수	45
13. 河圖洛書와 百方	49
14. 九數圖와 洛書魔方陣	54
15. 太極에서 八卦까지	58
16. 洛書와 공자	61
17. 영어 알파벳과 河圖洛書	64

18. 六十甲子와 河圖數	68
19. 河圖와 伏羲八卦方位圖	73
20. 洛書와 文王八卦方位圖	76
21. 伏羲 및 文王八卦圖 비교	80
22. 河圖와 81方피라미드	82
23. 象數와 數理論	85
24. 왜 64卦인가	90
25. 구구표 81方과 64卦	93
26. 八卦方位圖와 64卦	96
27. 天符經57과 龍馬	100
28. 易은 易數다	106

맺음말 110

구구표란 무엇인가?

연구논문 01

- Ⅰ. 머리말 ... 114
- Ⅱ. 하도낙서와 구구표 ... 116
  - 1. 구구표의 뜻 ... 116
  - 2. 문헌에 나오는 구구표 ... 119
  - 3. 구구표81方 ... 124
  - 4. 구구표에서 하나 ... 129
  - 5. 구구표의 중심수25 ... 132
  - 6. 10 ... 136
  - 7. 81과 17수 ... 140
  - 8. 2·4·6·8·10 ... 143
  - 9. 18과 81 ... 146
  - 10. 구구표 자릿수 근 ... 149
  - 11. 낙서(洛書)와 9단 ... 153
- Ⅲ. 원방각과 구구표 ... 158
- Ⅳ. 결론 ... 169

천수삼합이란 무엇인가?

연구논문 02

I. 머리말   174

II. 천수삼합   176

  1. 천수삼합의 뜻   176

  2. 153과 천수삼합   182

  3. 구구표와 천수삼합   186

  4. 1·4·7천수삼합   189

  5. 2·5·8천수삼합   193

  6. 3·6·9천수삼합   201

  7. 구구표1자리와 천수삼합   208

  8. 구구표 자릿수 근과 천수삼합   210

  9. 천수삼합 3·7피라미드   213

  10. 4각수와 천수삼합   217

  11. 원방진과 천수삼합   221

  12. 천부경과 천수삼합   223

  13. 구귀가(九歸歌)와 천수삼합   230

  14. 구수략과 천수삼합   234

  15. 문왕팔괘방위도와 천수삼합   236

  16. 효(爻)의 판단법과 천수삼합   239

III. 결 론   243

하도낙서강해

 序文 서문

매일 받아보는 일간신문에 어느 기도원의 광고지가 간지로 왔다. 부흥강사 50여명의 사진과 이런 선전문구가 보인다.

'자살하려던 자녀들을 절망에서 건지시고 그 인생길을 영화롭게 만들어 주셨다.'
'사업실패로 자살까지 결심했지만 금식기도 했더니 연 2백억 매출축복을 받게 되었다.'

이와 같은 광고는 신문간지뿐만이 아니라 일간신문 전면광고에서도 볼 수 있다. 필자가 하도낙서 머리말을 쓰고 있는 나이가 지금 72세이다. 아무리 100세 시대에 살고 있다지만 옛날 생각하면 오래 살았다는 생각이다. 주변을 살펴보니 그동안 함께 있던 사람들의 얼굴이 하나 둘 보이지 않는다. 내 나이 72를 수리로 보니 이렇다. 72에서 십 자리 수(數)가 7이니 성수(成數)로 가을이다. 가을에서 겨울은 봄·여름보다 짧으니 99(81)에 이르는 남은 시간은 지금까지 살아 온 시간보다는 짧다.

여러 가지로 어려움이 많다고들 한다. 그러나 돌이켜 보면 1년 12달 365일이 밝은 날만 있었던가. 내가 살아온 26280일은 낮과 밤의 연속이었다. 알고 보면 밤과 낮은 반반(半半)이었다는데 그 속에서 호들갑을 떨어왔던 것은 누구인가.

사서삼경(四書三經)에서 삼경은 '시경(詩經)·서경(書經)·주역(周易)의 세 가지 경서'라고 국어사전에 나왔다. 여기서 주역이 최고의 학문이라는 것에 대하여 이의를 제기 하는 사람은 없다. 그리고 주역에서 하도낙서(河圖洛書)가 기초가 되는 것도 마찬가지다. 이 말은 하도낙서를 빼고 주역공부를 할 수 없다는 뜻이다. 그 주역을 점서로 쓰이기도 했으나 일하지 않고 무엇을 기대하거나 병이나 고치는 그런 목적은 아니었다.

우리가 지금 쓰고 있는 문자가 처음부터 그렇게 나온 것이 아닌 것처럼 현재 사용하고 있는 도식화 된 하도낙서도 마찬가지다. 다만 한 가지 분명한 것은 그림 모양만 다를 뿐이지 수의 배치는 맞다. 그 이유는 하도와 낙서관계, 낙서와 구구표81방과의 관계로부터 복희 및 문왕팔괘도와 64괘까지 완벽하게 연결되었기 때문이다.

그동안 필자가 독자적인 연구로 '하도낙서와 구구표'를 출간이후 하도낙서 강해를 소개해 왔다. 얼마 전 까지만 해도 낙서의 비밀이 구구표에 있다는 것을 아는 사람이 사실 없었다. 그러나 지금은 그렇지 않다. 수많은 사람들이 필자의 글을 읽었고 천수삼합이란 새로운 주역용어도 알고 있다.

여기에 함께 수록된 연구논문 '구구표란 무엇인가'와 '천수삼합이란 무엇인가'는 '하도낙서 강해'의 보완자료로 제공한다.

1. 하도(河圖)란 무엇인가?

　연대(年代)는 미상(未詳)이지만 지금으로부터 5천여 년 전 중국 복희씨(伏羲氏)때에 황하(黃河=河水)에서 용마(龍馬)란 신비로운 짐승의 등에 아래와 같이 55개의 점(○)이 그려져 있었다. 후세에 이를 하도(河圖)라 했다.

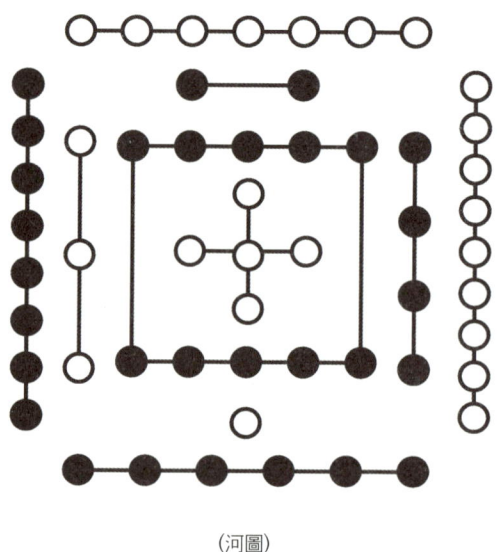

(河圖)

　주역(周易)은 하도와 낙서(洛書)로부터 시작된다.
　河(물 하)圖(그림 도)에서 河는 강(江)과 내(川)라는 뜻도 있으니 물(水)과 관련이 있고 圖는 문자(文字)사용을 하지 않았던 시대라는 것을 알 수 있다. 우리말 큰 사전에서는 하도를 이렇게 설명했다.

河圖洛書 講解

하도낙서 강해

'옛날 중국 복희씨 때에 황하에서 용마가 지고 나왔다는 쉰다섯 점의 그림. 우 임금 때의 낙서(洛書)와 함께 주역(周易) 이치의 기본이 되었다.'

하도와 용도(龍圖)는 같은 말인데 주로 하도로 많이 알려지고 있다.

용마(龍馬)는 용(龍)머리에 몸뚱이는 말(馬)처럼 생겼다는 전설적인 동물이다. 국어사전에는 용마가 팔괘(八卦)를 등에 싣고 나온 것처럼 쓰여 있는데 이는 복희씨(伏羲氏)의 복희선천팔괘(伏羲先天八卦)를 보고 그렇게 표현을 한 것이다.

주역(周易) 계사전(繫辭傳)에서 하도(河圖)는 낙서(洛書)와 함께 이렇게 기록되었다.

'河出圖하며 洛出書 聖人이 則之하니'(繫辭上傳 제11장)
-하도(河圖)와 낙서(洛書)가 나와 성인(聖人)이 그것을 본칙(本則)으로 하니-

다음은 계사하전(繫辭下傳) 제2장이다.

'古者包犧氏之王天下也(고자포희씨지왕천하야)……於是(어시)애 始作八卦(시작팔괘)하야'
-옛날 포희씨(包犧氏)가 천하의 왕이 되었을 때……비로소 팔괘(八卦)를 지었으니-

포희씨는 복희씨(伏羲氏)를 가리키며 중국 고대사에서 3황5제(三皇五帝) 중 최초의 왕이다. 하도는 낙서와 함께 고대 중국에서 예언이나 수리(數理)의 기본이 되었다.

2. 낙서(洛書)란 무엇인가?

낙서는 洛(물 이름 락)書(글 서)로 하도(河圖)와 마찬가지로 물(水)과 관련이 있으며 이 무렵에는 문자(書)를 사용했던 시대였기 때문에 낙서(洛書)라 했다. 수학사(數學史)는 단군조선이 시작된 기원전 2333년경과 맞물린 시기에 황하문명의 발전과 함께 하(夏)나라 시조인 우임금(=夏禹氏)때 낙서가 출현된 것으로 기록 된 것을 볼 수 있다. 우리말 큰 사전에서 낙서는 이렇다.

'옛 중국 하나라 우임금이 치수할 때에 낙수에서 나온 거북의 등에 있었다는 마흔 다섯 개 점. 후세에 팔괘와 홍범구주(洪範九疇)의 근본이 되었다고 한다.'

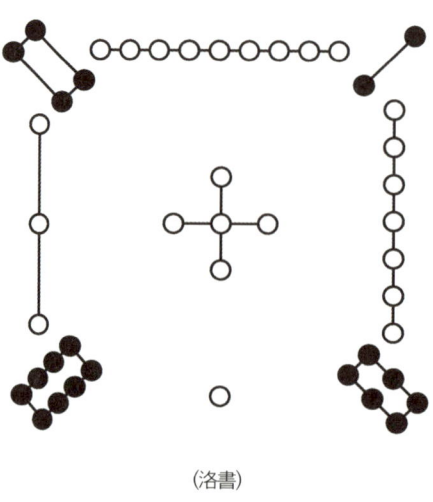

(洛書)

인터넷에 낙서를 검색하면 신구낙서(神龜洛書) 또는 귀서(龜書)라는 용어도 볼 수 있다. 이것은 龜(거북 귀)한자를 보고 누군가에 의하여 만들어진 말이며 공식어(公式語)는 아니다. 그 당시 거북점(占)이 유행이였기 때문에 신구낙서와 귀서는 주로 사주학(四柱學)에서 많이 쓴다. 거북의 등에 있었다는 그림은 옆과 같다.

河圖洛書 講解 하도낙서 강해

　주역(周易)은 상경(上經)과 하경(下經) 그리고 공자(孔子)의 십익(十翼)을 말하며 부록으로 역전서(易傳序)·역서(易序)·홍범(洪範)이 있다. 홍범은 서경(書經)에 상세하게 기록되어있으니 여기서 생략한다.

　계사상전(繫辭上傳) 제11장의 '河出圖 洛出書'는 하수(河水)에서 하도(河圖)가 나오고 낙수(洛水)에서 낙서(洛書)가 나왔다는 뜻인데 여기서 河와 洛은 오행에서 水(물)을 뜻한다.

　하도는 1,2,3,4,5,6,7,8,9,10으로 55개의 점이되며 낙서는 여기서 10이 빠진 1,2,3,4,5,6,7,8,9까지이니 모두 더하기를 하면 45이다.

　洛자를 파자하면 뜻을 나타내는 부수(部首) 氵(=水)의 3획과 음(音) 나타내는 各(각각 각)6획으로 3+6=9획이니 하도수(河圖數)9와 같다.
　하우씨(夏禹氏)가 순(舜)의 명을 받아 9년 동안 치수를 할 때 낙서를 등에 진 거북이가 출현 했으며 홍범(洪範)도 아홉 가지 큰 규범으로 홍범구주(洪範九疇)이다.

　하도와 낙서가 하수(河水)와 낙수(洛水)란 물(水)을 나타낸 것은 하도에서 1·6(○·●●●●●●)이 오행(五行)에서 水이며 낙서에서도 맨 아래 1(○)을 중앙으로 그 옆에6(●●●●●●)이 생수(生數:1)와 성수(成數:6)로 水를 이루고 있다. 이것은 水가 땅(地:□)에서 이루어지는 만물생성의 근원이기 때문이다.

3. 河圖의 5와 10

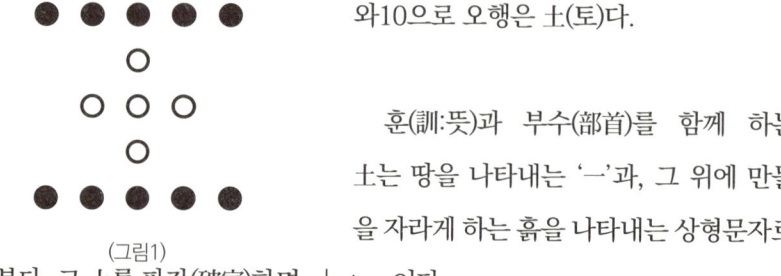

(그림1)은 하도(河圖)의 중앙에 있는 5와 10으로 오행은 土(토)다.

훈(訓:뜻)과 부수(部首)를 함께 하는 土는 땅을 나타내는 '一'과, 그 위에 만물을 자라게 하는 흙을 나타내는 상형문자로 본다. 그 土를 파자(破字)하면 十 + 一 이다.

(그림2)는 하도의 55수 피라미드이다. 흰점(○:홀수)은 천수(天數:홀수)이고 검은 점(●:짝수)은 지수(地數)이다.

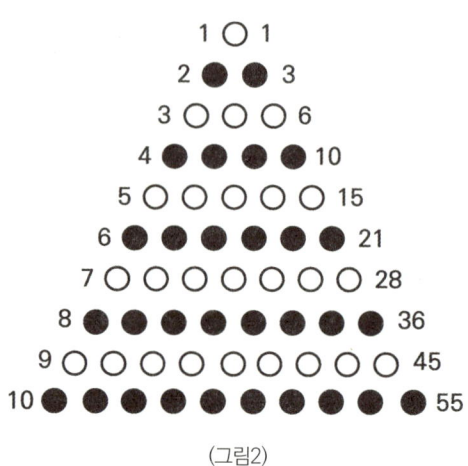

(그림2)

河圖洛書 講解 하도낙서 강해

　(그림2) 좌측 1, 2, 3, 4, 5, 6, 7, 8, 9, 10은 하도수이고, 우측 1, 3, 6, 10, 15, 21, 28, 36, 45, 55는 3각수이며 하도수 1에서부터 10까지 수열(數列)의 합이다. (그림2) 삼각형 피라미드를 1에서부터 10까지 가운데를 수직을 그으면 '1○1'은 'ф'으로, '●●'은 '●｜●'으로, '●●●●'은 '●●｜●●'으로 '●●●●●●'은 '●●●｜●●●'으로, '●●●●●●●●'은 '●●●●｜●●●●'이다. 즉, 흰점(○)태극(◐)으로부터양의(兩儀:--ー) → 사상(四象) → 팔괘(八卦)이며, '●●●●｜●●●●'은 (그림1)의 흰점 다섯을 중앙에 두고 위·아래에 있는 '●●●●'과 같다. 이것을 수로 나타내면 다음과 같다.

　　　　-5　-4　-3　-2　-1　0　1　2　3　4　5
　　　　　　(陰數: -)　　　　　　(陽數: +)

　공평한 삶의 공식이다. 신(神)은 인간에게 음(陰)쪽과 양(陽)쪽으로 밝음과 어둠을 다섯씩 반반으로 똑같이 나누어 주었다. 매일 밝은 면(좋은 일)만 있는 것이 아니고 어두운 면(나쁜 일)만 있는 것이 아니라 밝고 어둠은 반반이란 뜻이다.

　(그림1) 하도의 중앙에 있는 가로줄(橫線) 흰점 셋(○ ○ ○)으로 연결하면 'ㅡ'자 된다. 'ㅡ'자를 위·아래 두 개의 흰점(○)이 '÷'모양을 이루며, 세로줄(縱線)셋은 'ㅣ'으로 양쪽으로 둘이 나누어져 '⊹'이다. 'ㅡ'과 'ㅣ'은 3(○○○)이고, 양쪽으로 2(○○)가 나눠어 대칭이다.

갑골문에서는 가로선으로 －(1) ＝(2) ≡(3) ≣(4) ≣(5)를 표시를 했고, 'ㅣ'을 ＋(10)으로 나타내기도 했다. 금문에서는 세로선(ㅣ)의 중간에 둥근 점(·)을 덧붙여 ＋으로 사용 했다는 기록은, (그림1) 중앙에 있는 세로줄 흰 점 셋을 'ㅣ'로 하여 좌우에 있는 점(○)하나를 붙여서 쓴 것으로 추정된다.

10을 ＋으로 썼다는 것은 하도의 중앙에 있는 흰점 다섯 점(그림3)에서 가로·세로줄 '一'과 'ㅣ'의 합자로 보이며, 로마숫자 '×'를 10이라 한 것은 (그림3)과 같이 ＋자를 좌우로 눕힌 것이다.

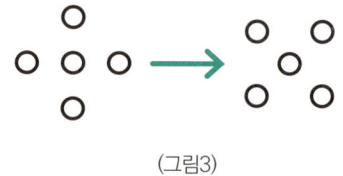

(그림3)

4. 河圖洛書 다섯 점의 비밀

(그림1)은 하도와 낙서 중앙에 있는 다섯 점이다.
(그림1) 중앙에 점(○)하나로 부터 十자로 점(○)이 둘(○○)이 더하여 셋(○○○)이다.

(그림1)

하도 1,2,3,4,5생수(生數)에서 1,3,5 천수(天數)가 셋이고 2,4 지수(地數)가 둘이다. 이를 설괘전(說卦傳)에서는 삼천양지(參天兩地)라 하고, 3과 2를 수의 시원(始原)이라 한다.

천수 1,3,5를 더하기를 하면 9(1+3+5=9)이고, 지수 2와 4를 더하기를 하면 6(2+4=6)이다. 따라서 주역에서 3은 모든 수의 기본이 되며 음(陰)과 양(陽)의 효(爻)를 표기할 때 6과9를 쓰는데 이를 용구용육(用九用六)이라 한다. 3의 배수 6과9는 3·6·9천수삼합(天數三合)이며, 6과9를 결합한 8자 속에 3·6·9가 있다.

69의 6과 9를 더하기를 하면 생수1, 2, 3, 4, 5를 모두 합한 수 15이며, 15의 10자리를 1자리로 바꾸면 1+5=6이다. 3·6·9를 모두 더하면 18이고 1자리로 바꾸면 1+8=9이며 낙서수 1, 2, 3, 4, 5, 6, 7, 8, 9 아홉수의 합 45역시 1자리로 바꾸면 4+5=9이다.

(그림2)는 구구표81(9×9)의 삼각형(△) 피라미드 수1, 3, 5, 7, 9, 11, 13, 15, 17까지 아홉수에서 1, 3, 5까지다.

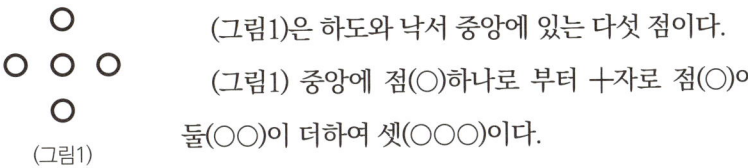

(그림2)

좌측1,2,3은 낙서수 1, 2, 3, 4, 5, 6, 7, 8, 9 아홉수에서 '3'까지 이며, 우측 1, 3, 5는 피라미드 17까지 아홉수에서 셋째에 해당되는 '5'까지 이다. (그림2)에서 (그림1)이 어느 부분에 해당되는가를 설명하기 위하여 다섯 점을 흰점으로 나타냈다. (그림2)는 모두 1+3+5으로 아홉 점이다. 반면 하도는 1에서 10까지 모두 더하기를 하면 55가 되는데 55를 1자리로 바꾸면 5+5=10이기 때문에 이를 다시 1+0=1이다. 즉, 하도수 1+2+3+4+5+6+7+8+9+10=55를 5+5=10으로 하도수가 된다.

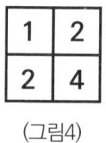
(그림3)

5+5에서 덧셈 부호'+'을 '×'로 바꾸면 5×5=25로 구구표 81방(方) 중심수가 되며 2+5=7이다. 7은 81(9×9)과 같이 주역에서는 극즉반(極則反)의 원리에 따라 처음으로 복귀하는 주기로 본다. (그림3)은 (그림1)을 좌·우로 45도 눕혔을 때의 모습이다.

1	2
2	4

(그림4)

(그림1)은 十자로 3(○○○):2(○○)가 되지만 (그림3)은 ×자로 3:2가 되는데 十자이거나 ×자는 10이다. 가운데 점(○)하나와 네모(□)를 이루는 수는 4이다. 여기서 3(○○○)은 (그림1)과 (그림3)에서 상하(上下)·좌우(左右) 대칭이며, 성수6,7,8,9,10의 합은 40으로 1자리로 바꾸면 4이다(4+0=4). 2가 천지인(天地人)에서 땅(地)이라면 4는 밭(田)이다. 구구표에서 4는 2×2이며 (그림4)가 된다.

(그림1)의 十자를 네모에 넣으면 田이고 원안에 넣으면 '⊕'으로 원자번호 1인 수소 핵의 양성자 모습이다. 수소는 불에 가깝지만 산소와 결합하여 물이 되기 때문에 수소 원자번호 1과 산소원자번호 8이니 1+8=9이다. 그렇다

면 하도수 10은 무엇인가. (그림5)는 하도수의 순역(順逆)이다.

```
      →
   1 2 3 4 5 │ 6 7 8 9 10
  10 9 8 7 6 │ 5 4 3 2 1
                           ←
```
(그림5)

위·아래로 더하면 모두 11이 되며 중심선(│)5와6으로 역수(逆數) 대칭이다. 5와6은 생수의 끝 수 5와 성수의 시작 수 6과의 경계선이다. 여기서 10은 1과 0이 결합한 내공(○)이다.

그 공(○)은 나의 그릇이며 功으로 '내(l)功(○)' 10이다. 그 10이 순역으로 돌아 11을 만든다.

5. 하도수(河圖數)와 25방(方)

(그림1)은 구구표25방(方)에 하도수(河圖數)를 대입한 것이다. 홀수(=奇數)는 괄호숫자로 표시했으며, 짝수(=偶數)와 함께 하도의 흰점(○)과 검은점(●)의 자리를 나타낸 것이다.

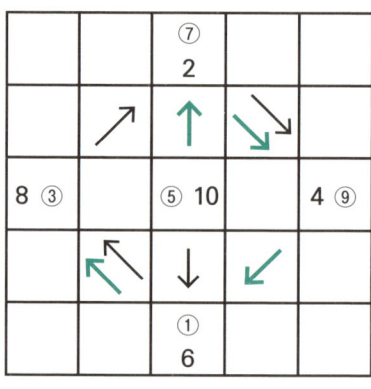

⑤로부터 ①③⑦⑨홀수와 10으로부터 2,4,6,8짝수(偶數)를 순서대로 따라 가면 ⑤·10을 중앙으로 나선형이 된다.
(→ 홀수 : → 짝수의 방향을 나타낸 것임)

(그림1)

1	2	3 (2·7)	4	5
2	4	6	8	10
3 (3·8)	6	9 (5·10)	12	15 (4·9)
4	8	12	16	20
5	10	15 (1·6)	20	25

(그림2)

(그림2)는 구구표25방에 하도수와 자리를 같이했다. 청색표시 괄호숫자가 하도수이다.

구구표25방의 중심수 9(3×3)자리에 하도의 5와 10이 자리를 하고 있으며 5와 10을 더하기를 하면 15이다(5+10=15). 5×5=25이며, 25의 두 자연수 2와 5를 더하기를 하면7이다(2+5=7). 십이지(十二支)에서 용(龍)은 辰(진)으로 수리(數理)는 5이고 말(馬)은 7이니 용마(龍馬)는 5와7이다.

(그림2)를 보니(청색표시) 3의 자리에 2와 7, 3과 8이 있으며, 3×3=9에 5와 10이 있어 3·6·9천수삼합(天數三合)이다. 3×3=9방(方:□)의 중심수가 4이며, 3×5=15(=5×3)에 1과 6, 4와 9가 있다.

1, 2, 3, 4, 5를 모두 더하기를 했을 때 합이 15이고, 15의 자릿수 근이 6(1+5=6)이다. 그 6과 1(하나)과 만나서 1·6水를 이룬다.

	1	2	3	4	5
	6	7	8	9	10
합	7	9	11	13	15

(그림3)

(그림3)은 (그림1)에서 1과 6으로부터 2와 7, 3과 8, 4와 9, 그리고 5와 10의 짝을 1, 2, 3순(順)으로 나열 했을 때 위·아래 더하기를 하면 7, 9, 11, 13, 15가 되는 것을 나타낸 것이다.

(그림4)는 (그림3)의 오행(五行)이다.

	1	2	3	4	5	生數(생수=先天數=體)
	6	7	8	9	10	成數(성수=後天數=用)
오행	水	火	木	金	土	

(그림4)

계사상전(繫辭上傳) 제9장은 1,3,5,7,9 홀수를 하늘의 수(天數)라 하고 2,4,6,8,10을 땅의 수(地數)라 했다.

천수의 합이 25이고 지수의 합이 30으로 하늘(天)과 땅(地)의 수(天地之數)를 모두 더하면 55다(25+30). 여기서 천수의 합 25는 구구표81방의 중심수로 5×5이며, 5×5의 '×'를 '十'으로 바꾸면 5+5=10이다(數理에서 十과 ×는 밀접한 관계가 있다).

6. 하도수(河圖數)와 오행

(그림1)은 구구표25방(方)에 하도(河圖)를 수(數)로 바꾸어 대입한 것이다.

(그림1)에서 중앙에 있는 5·10 土를 밖으로 자리를 옮겨 1·6 水로부터 화살표(→)를 따라 가면 자연스럽게 원(圓)을 그릴 수 있다.

(그림1)

이것은 水→木→火→土→金→水 오행(五行) 상생순환운동(相生循環運動)이다. 즉, 하도는 오행상생을 그린 것이다. 하도와 낙서를 하수(河水)또는 낙수(洛水)라 한 것은 처음 수1이 물(水)이기 때문이다. 만물의 근원을 물이니 불이니 하는 논쟁은 물과 불 중에서 어느 것이 먼저냐는 것이다.

0부터 9까지의 수(數)를 순서대로 늘어놓으면 0, 1, 2, 3, 4, 5, 6, 7, 8, 9 이다. 여기서 0은 수학에서 음수도 양수도 아닌 정수이며 구구표는 자연수 1부터 시작된다(구구표 1단이 낙서수이다).

하도는 1(○)로부터 10(●●●●● ●●●●●)까지이며 낙서(洛書)는 10이 빠진 9(○○○○○○○○○)까지 아홉이다. 하도나 낙서의 점(○)하나가 수리에서는 '1'이다.

점은 선(線)을 이루고 선은 원(圓)을 그릴 수 있지만 원(○)과 1은 구분이 된다. 그러나 하도낙서에서는 '○'을 1로 보고 '●●●●●'을 6으로 보아 1·6水라 한다.(그림1)은 이렇게 했을 때 1이 물(水)이고 2가 불(火)이다.

하도수(河圖數)에서 1, 2, 3, 4, 5를 생수(生數)라 하고 6, 7, 8, 9, 10을 성수(成數)라 한다. 生數의 生과 成數의 成의 합자 生成(생성)은 '사물이 생겨서 자라는 동안 다른 것으로 변화함'을 일컫는다. 따라서 생수 1, 2, 3, 4, 5는 기본수로 체(體)가 되며 성수 6, 7, 8, 9, 10은 작용수로 용(用)이 된다.

태양은 변하지 않으나 해가 뜨고 지는 것은 사시(四時=사철)와 같이 돌아간다. 오행의 순환도 마찬가지다. 그러나 콩알 하나가 땅에 떨어져 씨앗을 맺기 까지는 똑 같다고 볼 수는 없다. 비닐하우스에 떨어진 콩알이 다르고 콩나물시루에 있는 콩알이 다르다. 콩알이 제대로 열매를 맺으려면 밭에 떨어져야 하며 철에 맞추어 심고 가꾸어야 한다. 한 알의 씨가 땅에 떨어져 싹이 나오고 꽃이 피는 과정이 생수(生數)라 하면 가을걷이는 성수(成數)라 할 수 있다. 이렇게 작은 것부터 크게는 인류의 운명까지 선천(先天)과 후천(後天)이 돌고 돈다.

모든 것은 기본이 있고 순서가 있다. 그 기본이 되는1, 2, 3, 4, 5를 선천수(先天數=生數)라 하며 6, 7, 8, 9, 10 다섯 수를 후천수(後天數=成數)라 한다. 하도와 낙서에서는 하도를 선천(先天)이라 하고 낙서를 후천(後天)이라 한다. 9(洛書)가 선천(수)이 되고 그 다음 오는 수(數) 10(河圖)이 후천(수)이 되어야 하는데 하도가 선천이다.
왜 그럴까? 공(空:○)이 있기 때문이다. 10은 구구표81방(方)의 네모(□=地)와 동그라미(○=天)의 결합이기 때문이다(이를 天圓地方이라 한다).

7. 하도(河圖)와 양성자(陽性子)

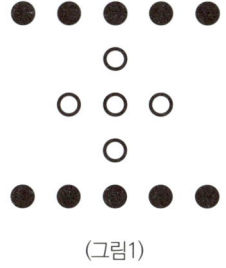
(그림1)

(그림1)은 하도(河圖) 중앙의 5와 10이다.

물리학에서 분자(分子)는 물질의 기본적 성질을 잃지 않고 나눌 수 있는 몇 개의 원자로 이루어진 그 물질의 가장 작은 입자를 말한다. 그래서 分(나눌 분) 子(씨 자)이다.

원자(原子)는 모든 물질을 구성하는 궁극적인 입자(粒子)로 원자핵(原子核)과 전자(電子)로 구분되며 몇 개의 원자가 결합하여 분자를 이룬다.

우주를 구성하는 여섯 가지 원소라는 육대(=六界)는 지수화풍(地水火風) 4대(大)와 공대(空大)·식대(識大)이다. 그중에 지수화풍은 그리스의 철학자 엠페도클레스(B.C 493?~ B.C433?)는 불생불멸(不生不滅)의 네 가지 근원이라 생각했다. 그러나 데모크리토스(B.C 460?~B.C 370? : 그리스 의 철학자)는 물질이 지수화풍의 네 가지 원소가 아닌 원자(atom)로 이루어졌다고 했다.

한자 明(밝을 명)은 日(날 일)과 月(달 월) 두 글자가 결합한 회의문자(會意文字)이다. 여기서 日은 해(太陽)이고 月은 달로 해와 달 즉, 양(陽)과 음(陰)으로 明이다. 日에서 가운데 '一'을 빼면 '囗'모양인데, 전자계산기에서 '0'을 누르면 '囗'으로 나타난다. '囗'을 '○'으로 바꾸면 공(空:○)과 하나(1)는 이렇다.

'①'

'⊙'을 분리를 하면 '○'과 '1'이며 '○'과 '1'은 구구표 안과 바깥의 경계선으로 우주가 '○'이라면 우주안의 나는 '⊙'이다. 내가 눈으로 볼 수 있는 것은 우주의 5%에 불과하며 나머지는 빛이 아니면 볼 수 없 다.

지수화풍 4대가 물질의 세계라면 공대(空大)와 식대(識代)는 정신의 세계라 할 수 있다. 이중에 공대는 无(=無)의 세계를 포함한다. '无'는 있다 없다(有無)의 無가 아니라 '있지만 사라질 것이요, 눈에 보이지는 않지만그 실체가 없어진 것이 아니다'란 뜻이다.

물질을 구성하는 가장 작은 알갱이라는 원자. 현대 물리학에서는 이미 빛과 파동도 물질로 본다. 귀에 들리는 소리도 눈에 보이지 않는 먼지란 작은 입자 때문이다. 우주가 처음 시작 되었던 점하나의 실체를 찾는 것은 아무 의미가 없다. 그냥 가볍게 눈에 보이지 않는 점하나 더 이상을 생각할 필요는 없다.

태양계는 원자의 구조를 닮았다. 태양계가 원자라면 태양은 원자핵이고 태양 주위를 돌고 있는 지구를 포함한 수성·금성·화성·목성·토성 등은 전자(電子)이다. 보어(Niels Bohr:1885~1962)의 원자 모형이 전자가 원자핵 주위를 도는 모습을 가장 잘 나타내고 있다.

원자핵의 크기를 추측하려면 축구장안에 있는 축구공을 생각하면 된다. 원자가 축구장이라면 원자핵은 축구장안에 있는 축구공이다. 최근에 원자하나에 디지털 정보를 입력하는 기술이 개발되었다는 신문기사를 보았다. 홀뮴(Ho)이라는 원자 한 개에 1비트(bit:0또는 1로 나타내는 정보의 최소단위)의 디지털 신호를 읽는데 성공했다는 소식이다. 1비트의 정보를 담으려면

10만개 정도의 원자가 필요한 것을 원자 한 개 수준까지 줄였다는 것이다. 이렇게 되면 기존 하드보다 1000배가 늘어나 이 세상 모든 영화를 USB 하나에 담을 수 있다는 것이다.

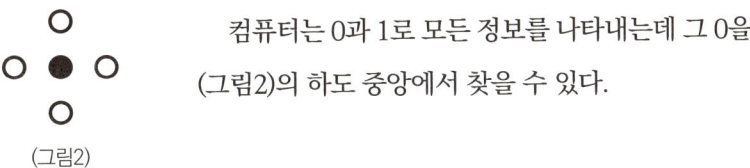

컴퓨터는 0과 1로 모든 정보를 나타내는데 그 0을 (그림2)의 하도 중앙에서 찾을 수 있다.

(그림2)

(그림2)에서 중앙에 있는 흰점(○)을 검은 점(●)으로 바꿨다.

(그림2)의 가운데 검은 점이 우주가 시작된 최초의 점이다. 한자로 나타내면 '玄'이다. '玄'은 '黑과 白'의 '黑'이 아니다. 보어의 상보성의 원리 심벌마크 중앙에 있는 태극(太極)의 빨강과 대립하고 있는 색(色)이 검은 빛에 가깝다. 보어는 동양철학에도 많은 관심을 가졌던 인물로 물리학의 대가이지만 음양론에도 무뢰한이 아닌 것으로 알 고 있다.

우주의 첫 시작은 빛이 없었기에 컴컴했다. 그러나 빛이 생기면서 어둠에서 벗어났지만 지금도 항성(恒星)의 영향을 받지 않는 곳은 암흑이다. 그래서 (그림2)의 중심점을 '●'으로 나타냈다. 그 세계는 아무도 알 수 없는 玄玄(현현)의 세계로 无(無)의 세계이며 空(공)의 세계이다.

(그림2)를 보면 가운데 점(●)으로부터 동서남북 사방(四方)으로 네 개의 점(○)이 위치하고 사방을 연결하면 十자가 된다. 네 개의 점을 원으로 바꾸고 가운데 점(●)과 十자를 만들면 이렇다.

'⊕'

29

'⊕'을 보니 제일 먼저 떠오르는 것이 수소 원자핵에 있는 양성자(陽性子)의 모습이다. 이와 같은 것(⊕)이 산소는 여덟 개가 된다. 고대인 들은 이미 원자핵에서 양성자를 찾아내고 거기서 十(열 십)자 까지 만들어 냈으니 대단하지 않는가.

8. 河圖洛書와 상생상극(相生相剋)

(그림1)은 하도수(河圖數)와 오행(五行)이다.

	1	2	3	4	5	생수(=體=기본수)
	6	7	8	9	10	성수(=用=작용수)
오행	水	火	木	金	土	

(그림1)

4	9	2
3	5	7
8	1	6

(그림2)

(그림2)는 낙서수(洛書數)이다.

낙서의 점(○:●)을 수리로 바꾸면 (그림2)와 같은 마방진이 된다. (그림1)의 1·6水(수)가 (그림2) 맨 아래 8·1·6에서 1·6水를 찾을 수 있다. (그림2)는 5(土)를 중앙으로 1·6水 → 2·7火(화) → 4·9金(금) → 3·8木(목)이다. 하도수는 1,2,3,4,5,6,7,8,9,10이기 때문에 5·10土이고, 낙서수는 1,2,3,4,5,6,7,8,9이기 때문에 10이 없는 5가 土이다. 복희(伏羲) 및 문왕팔괘방위도(文王八卦方位圖)역시 이에 따라 다르다.

(그림3)은 하도와 낙서 오행 상생상극(相生相剋)순환운동이다.

하도를 (그림3)(하도상생)과 같이 화살표 방향 좌선(左旋)으로 연결하면 오행상생순환운동이다.

낙서상극순환운동은 하도의 火(2·7)와 金(4·9)의 자리바꿈으로 하도와 역(逆)으로 우선(右旋)하고 있다. 즉, (그림3) 하도와 낙서는 상생 및 상극순환운동을 나타낸 것이다.

		2·7 火		
	↗	↓		
3·8 木		5·10 土	→	4·9 金
	↖		↙	
		1·6 水		

河圖相生

		4·9 金		
	↙		↖	
3·8 木	→	5 土		2·7 火
		↓	↗	
		1·6 水		

洛書相剋

(그림3)

9. 洛書數와 마방진(魔方陣)

4①	9②	2③
3②	5④	7⑥
8③	1⑥	6⑨

(그림1)

(그림1)은 낙서를 구구표 3×3=9방(方)에 대입을 한 것이다. 괄호숫자는 구구표이다.

5를 중앙으로 十자와 ×자로 더하기를 하면 합이 15이고, 가로줄(橫線)·세로줄(縱線)으로 더하기를 해도 합이 15가 되는 마방진(魔方陣)이다.

5를 중심으로 1·3·5·7·9 다섯 수가 十와 N자로 9방(方)안에 위치하고(마방진 1·3·5·7·9를 순서대로 연결하면 N자가 된다), 2·4·6·8이 정사각형 꼭짓점을 이루고 있다.

구구표 3×2=6자리에 낙서수(洛書數) 1과 만나 1·6水가 되고 낙서수 6은 구구표 3×3=9와 집합이 '69'이며 6과9를 결합하면 8자이다.

낙서(洛書)중심수 5와 (그림1)의 중심수4(2×2)와 만나 4+5=9이고, 2와 3은 낙서수와 구구표가 만나 합이5(2+③또는 3+②)가 되는데 여기서 3과2는 삼천양지(參天兩地)다.

(그림1) 구구표는 1·2·3과 3·6·9가 'ㄱ'과 'ㄴ'자로 'ㅁ'자를 만들어 큰 방(方)'□'을 이루는데 1·2·3은 천지인(天地人)이고, 3·6·9는 3·6·9천수삼합(天數三合)이다.

(그림1)의 구구표 3×3=9방(方)에서 빠진 수(數)가 5와7, 그리고 8인데 이것을 낙서수가 같이 하여 0과 10이 빠진 1,2,3,4,5,6,7,8,9다.

(그림1) 구구표에 빠진 수 5와7은 낙서수가 4(2×2=④)와 6(2×3=⑥)자리에 있으며, 1·6水와 3·8木이 낙서수와 구구표수가 짝을 이루고 있다.

하도(河圖)에서 1·6水가 (그림1)의 낙서수에서 맨 아래 가운데에 1(6)과 오른쪽으로 6(9)가 보인다. 괄호숫자를 빼고 낙서수1을 우측에 있는 6과 짝을 이루면 1·6(水)가 되는데 이와 같이 2와7, 4와9, 3과8이 짝이 된다.

이렇게 했을 때 1·6水와 3·8木이 (그림1)과 같이 구구표9방에서 1·6과 3·8로 水와 木 생수(生數)와 성수(成數)로 만났다는 뜻이다.

5	11	5
5	9	13
11	7	15

(그림2)

(그림2)는 (그림1)을 구구표(괄호숫자) 와 낙서수를 더하기를 한 수이다. 모두가 홀수이지만 11,13,15 두 자릿수(십 자리)를 한자리수(1자리)로 바꾸면 2(11→1+1=2),4(13),6(15) 짝수가 된다.

여기서 11은 3·8 木의 합이고 13은 4·9 金의 합이며 15는 5·10 土의 합이다(참고:하도수와 오행).

[참고 : 하도수와 오행]

오행	水	火	木	金	土
	1	2	3	4	5
	6	7	8	9	10

11과 13은 소수(素數)로 1자리로 고치면 2(1+1)와 4(1+3)이다. 2와 4는 지수(地數)로 땅(地)과 밭(田)이며, 그 田이 (그림1)의 맨 위에서 보이는 2×2=4까지 4방(方)이다.

  15는 하도선천수 1,2,3,4,5,를 모두 더하기를 한 수이며 자릿수 근(15를 1자리로 바꾸는 것)은 6이다.

10. 구구표와 河圖洛書 (1)

(그림1)은 구구표에서 1단, 2단, 3단이다.

1	2	3	4	5	6	7	8	9
2	4	6	8	10	12	14	16	18
3	6	9	12	15	18	21	24	27

(그림1)

유치원에 다니는 일곱 살 어린아이도 3단까지는 외운다. 그런데 대학교육 까지 받은 사람에게 구구표는 몇 단부터 시작인가를 물으면 잠시 머뭇거린다. 문제가 너무 쉬어서 그렇다. 그런데 가끔은 2단부터 라고 대답하는 경우도 있었다. 왜 그럴까? 2단부터 암기했기 때문이다.

구구표(九九表)는 글자 그대로 99표이다. 9×9=81방(方)이기 때문이다.
방(方)은 네모(□)를 뜻한다. 네모는 땅(地)이고, 수리(數理)는 2다. 땅을 대지(大地)라고도 하는데 구구표81방이 대지라면 2×2=4는 밭(田)이다(그림1) 청색부분).

1, 2, 3, 4, 5, 6, 7, 8, 9는 낙서(洛書) 아홉수다. 즉, 구구표는 낙서 아홉수로 81방(□:9×9)이다.
하도수(河圖數)10은 1단의 5(1×5)와 10(2×5)이 위·아래에서 만난다(그림1:참조).

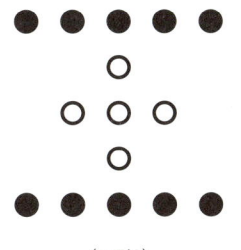

(그림2)

5는 1단의 중심수이고, 10은 2단의 중심수이다. (그림2)는 하도 중앙에 있는 중토(中土)이다.

5(○○○○○)를 중앙으로 위·아래(上下)로 검은 점 다섯(●●●●●)이 나뉘어있다.

구구표는 (그림1)과 같이 1단 중심수5와, 2단 중심수10, 그리고 3단 중심수 15가 세로줄(縱線)로 'Ⅰ'자로 만난다. 여기서 10은 2×5의 곱셈으로 '×'을 빼면 구구표의 중심수25(=5×5)가 된다.

15는 하도생수(生數) 1, 2, 3, 4, 5의 합으로 3단의 중심수이며 1자리로 바꾸면 6(1+5)이다. 3단의 12, 15, 18의 1자리(첫자리)가 2, 5, 8천수삼합 (그림1) 고딕숫자 이다.

(그림3)은 (그림1)을 모두 1자리로 바꾼 것이다. 십 자리(10자리)를 1자리로 바꾸려면 두 자연수를 1자리가 나올 때 까지 계속 더하기를 하면 된다.

1	2	3	4	5	6	7	8	9
2	4	6	8	1	3	5	7	9
3	6	9	3	6	9	3	6	9

(그림3)

(그림1)에서 2단과 3단의 중심수 10과 15가 각각 1과 6으로 바뀌었고, 2단은 2, 4, 6, 8지수(地數)와 1, 3, 5, 7, 9천수(天數)이며, 3단은 3·6·9천수삼합 순열(順列)이다.

10. 구구표와 河圖洛書 (2)

    구구표에서 9단을 모르는 사람은 없다. 그러나 18, 27, 36, 45, 54, 63, 72, 81여덟 수가 무엇이냐는 질문의 대답은 머뭇거리는 사람이 많다.
    1, 2, 3, 4, 5, 6, 7, 8, 9아홉수 가 구구표에서 1단이라는 것은 다 안다. 그러나 이것이 낙서수(洛書數)라는 것을 아는 사람 역시 그리 많지 않다. 구구표에서 1단 아홉수와 9단 여덟 수를 더하기를 한 17수가 구구표81큰방(方:□)의 'ㄱ'과 'ㄴ'자로 'ㅁ'자를 만들어 나머지는 7×7=49방(□)이다. 49방은 구구표 81방의 외곽을 이루는 1단과 9단 32방(17+15)을 뺀 나머지 방이다. ①은 1단이다.

    ⟶
    1   2   3   4   5   6   7   8   9 ……①

②는 ①의 역순(逆順)이다.

    9   8   7   6   5   4   3   2   1 ……②
                      ⟵

(그림1)은 ①과 ②를 옮긴 것이다.

	⟶									
	1	2	3	4	5	6	7	8	9	…①
	9	8	7	6	5	4	3	2	1	…②
합	10	10	10	10	10	10	10	10	10	

(그림1)

위·아래 더하기를 하면 10이다. 낙서수(洛書數)1, 2, 3, 4, 5, 6, 7, 8, 9가 10이 되어 하도수(河圖數)가 되었다.

(그림2)는 (그림1)에서 9를 한 자리씩 좌·우로 이동 한 것이며 위·아래 더하기를 하면 9이다. ①, ②의 양쪽 9를 빼고 위·아래 마주보고 있는 자연수의 결합 18, 27, 36, 45, 54, 63, 72, 81여덟 수가 9단이다.

```
        →
     1   2   3   4   5   6   7   8   9  …①
 9   8   7   6   5   4   3   2   1      …②
                                    ←
 합   9   9   9   9   9   9   9   9
```

(그림2)

(그림3)과 (그림4)는 하도(河圖)와 낙서(洛書)를 수(數)로 나타낸 것이다. (그림3)의 1·6水(수)가 (그림4)의 맨 아래 8·1·6에서 1·6이다.

(그림4)는 5(土)를 중앙으로 1·6(水)로부터 2·7(火),4·9(金),3·8(木)이 짝으로 우선(右旋)하고 있는데 이것은 (그림3)의 3·8(木)과 4·9(金)의 자리바꿈이다.

```
      1   2   3   4   5            4   9   2
      6   7   8   9   10
五行   水   火   木   金   土   ≫    3   5   7

                                   8   1   6
```

(그림3 : 河圖)   (그림4 : 洛書)

(그림5)는 구구표에서 1, 2, 3, 4, 5, 6, 7, 8, 9 아홉 수 1단과 18, 27, 36, 45, 54, 63, 72, 81여덟 수 9단 이다. 1과 81의 중첩으로 'ㄱ'자 17방, 'ㄴ'자 15방으로 32방이 외각을 이룬다.

1	2	3	4	5	6	7	8	9
2	2×2							18
3		3×3						27
4			4×4					36
5				5×5				45
6					6×6			54
7						7×7		63
8							8×8	72
9	18	27	36	45	54	63	72	81

(그림5)

(그림5)에서 'ㄱ'과 'ㄴ'자로 1단 1, 2, 3, 4, 5, 6, 7, 8, 9를 따라가면 9단 18, 27, 36, 45, 54, 63, 72, 81여덟 수를 만난다. 여기서 'ㄱ'자로 만나는 여덟 수는 (그림2)와 같이 십 자리와 첫 자리(1자리)가 위에서 아래로 1, 2, 3, 4, 5, 6, 7, 8 여덟 수가 동그라미를 그리고 있으며 'ㄴ'자로 만나는 9단 여덟 수는 (그림2)의 위·아래 십 자리와 1자리의 두 자연수 결합이다.

(그림5)의 가운데 2×2, 3×3, 4×4, 5×5, 6×6, 7×7, 8×8은 구구표 중심수 4, 9, 16, 25, 36, 49, 64 일곱 수이다.

고딕체 처음 수 1로 부터 역(逆) 'ㄱ'자가 되는 1단 아홉수와 구구표 중심수 2⑷, 3⑼, 4⑯, 5㉕, 6㊱, 7㊾, 8㉞일곱 수가 81(9×9)로부터 처음 수 '1'을 향하여 화살표(↘)를 만들고 있다. 여기서 '8'은 '∞'이며, 1은 처음 수이니 9×9(81)에 이르면 복귀한다는 뜻이다.

이는 대성괘(大成卦=64괘) 24번 지뢰복(地雷復䷗)의 괘사(卦辭) '七日(칠일)에 이르면 되돌아가니(來復), 가는 것이 아름답다(利有攸往)'는 극즉반(極則反)의 원리이기도 하다.

11. 구구표와 삼각수

(그림1)은 구구표81방(方:□)이다.

1	2	3	4	5	6	7	8	9
	4	6	8	10	12	14	16	18
		9	12	15	18	21	24	27
			16	20	24	28	32	36
				25	30	35	40	45
					36	42	48	54
						49	56	63
							64	72
								81

(그림1)

(그림1)구구표를 45도 좌(左)로 눕혔을 때 이등변삼각형 밑변을 이루는 1, 4, 9, 16, 25, 36, 49, 64, 81 아홉수를 4각수라 한다. 1은 처음수이고 4는 2×2이며, 9는 3×3이다. 16은 4×4, 25는 5×5, 36은 6×6, 49는 7×7, 64는 8×8, 81은 9×9이다.

1로부터 81까지 아홉수가 1, 2, 3, 4, 5, 6, 7, 8, 9의 제곱수라는 것을 알 수 있다. 즉, 4각수는 어떤 수를 제곱한 셈으로 81은 구구표에서 아홉째 4각수가 된다.

　　구구표는 1, 4, 9, 16, 25, 36, 49, 64, 81 아홉수가 좌우 같은 수가 대칭이기 때문에 (그림1)을 구구표로 사용 할 수가 있다. (그림1)의 네모(□)를 동그라미로 바꾸어 1,4,9,16,25,36,49,64,81 아홉 중심수를 밑변으로 (그림2)와 같이 변형시켰다.

```
        1 ○ 1
       2 ○ ○ 3
      3 ○ ○ ○ 6
     4 ○ ○ ○ ○ 10
    5 ○ ○ ○ ○ ○ 15
   6 ○ ○ ○ ○ ○ ○ 21
  7 ○ ○ ○ ○ ○ ○ ○ 28
 8 ○ ○ ○ ○ ○ ○ ○ ○ 36
9 ○ ○ ○ ○ ○ ○ ○ ○ ○ 45
           (그림2)
```

　　(그림2)의 좌우(左右) 빗변은 (그림1)의 'ㄱ'자를 이루는 1단과 9단이다. 좌측 1, 2, 3, 4, 5, 6, 7, 8, 9는 1단이며 동그라미(○)숫자가 되고 우측 1, 3, 6, 10, 15, 21, 28, 36, 45는 9단으로 3각수이다. 예를 들어 1(○)+2(○○)=3에서 우측 1은 첫째 3각수이며, 3은 둘째 3각수이다.

　　여기서 우측 1과3은 (그림1)에서 'ㄱ'자를 이루는 9단 9(9×1)와 18(9×2)이다. 이렇게 하여 6은 셋째,10은 네 번 째…45는 아홉 번째 3각수이다. 즉, 우측의 1, 3, 6, 10, 15, 21, 28, 36, 45는 1, 2, 3, 4, 5, 6, 7, 8, 9 수열(數列)의 합이며 n번째 삼각수의 공식 ½n(n+1) 이다.

(그림2)는 '○(1)'과 '○○(3)'으로 천지인(天1,地2,人3) 삼극(三極)을 나타낸 삼각형(△)으로부터 시작되는데 하늘의 수(天數)1과3, 땅의 수(地數)2와 하나를 이루니 3(사람)이 곧 세모(△)로 하나(1)다.

그 다음 이어지는 것이 1과 3이 셋째 3각수를 만드는 6이다. 6은 3의 배수 3×2이며 3·6·9천수삼합으로 연결된다.

1에서 4까지 합이 10으로 넷째 삼각수다. 4는 구구표에서 2×2=4방(田)으로 밭이다. 여기서 田은 밭이 아니라 노동이다. 땀 흘려 일하여 내공(10)을 채우라는 뜻으로 '내 몫'이다.

1에서 5까지 합이 15로 다섯째 삼각수다. 15는 하도선천수(河圖先天數) 1,2,3,4,5의 합이다. 여기까지를 사철에 비유를 하면 봄과 여름이다. 봄·여름에 할일을 하지 아니하고 가을로 넘기는 사람을 일컬어 철모르는 사람이라고 한다.

나머지 6, 7, 8, 9와 합을 이루어 여섯째로부터 아홉째 3각수는 하도후천수(河圖後天數)와 연결되는데 이 중에서 1에서 8까지 합이 36이 되는 여덟째 3각수는 팔괘(八卦)의 수(數)이며 팔괘의 양효(陽爻)와 음효(陰爻)의 총합의 수가된다.

(그림1)의 'ㄱ'자를 이루는 1단과 9단 17수를 빼면 8×8=64방(□)이다. 64의 자릿수 근은 6+4=10 →1+0=1이다. 즉, 6+4=10으로 내공이지만 그 10은 1+0으로 1이다. 이 땅에 내가(I)왔다가 99에 이르면 본래의 자리 공(○)의 자리로 돌아간다는 뜻이다.

12. 구구표와 사각수

삼각수가 일정한 물건을 삼각형 모양으로 만들어 늘어놓았을 때 그 삼각형을 만들기 위하여 필요한 총 수라면, 사각수는 사각형 형태의 물건을 배치했을 때 사용되는 물건의 총수를 말한다.

구구표를 보면 처음 수 1로부터 81(9×9)까지 중심수가 되는 1, 4, 9, 16, 25, 36, 49, 64, 81 아홉수를 좌·우로 같은 수가 대칭을 이르는데 이를 4각수라 한다.

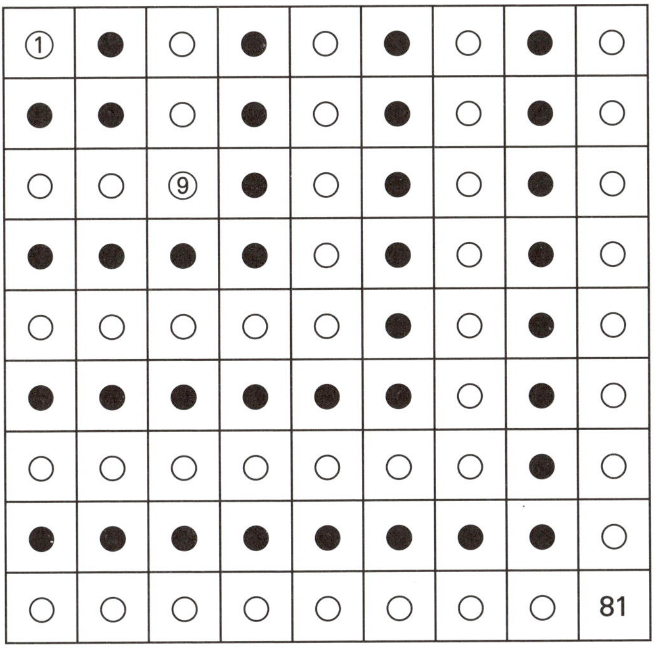

(그림1)

1은 1×1로 처음수이고, 4는 2×2이며, 9는 3×3이다. 16은 4×4, 25는 5×5, 36은 6×6, 49는 7×7, 64은 8×8, 81은 9×9이다. 즉, 하나(①)로부터 시작하여 $2^2, 3^2, 4^2, 5^2, 6^2, 7^2, 8^2, 9^2$…으로 연속되는 제곱수로 더하여 만들 수 있는 것을 4각수라 한다. (그림1)은 구구표81방(方:□)의 4각수로 이해를 돕기 위하여 1, 3, 5, 7, 9 홀수는 흰점(○)을, 2, 4, 6, 8짝수는 검은 점(●)으로 나타냈다.

구구표에서 첫째 4각수 ①로부터 셋 째 4각수 3×3=9까지는 (그림2)와 같다((그림1)의 좌측 상단 ①에서 ⑨까지임).

●1　　　●1 ●2　　　●1 ●2 ●3
　　　　●2 ●4　　　●2 ●4 ●6
　　　　　　　　　　●3 ●6 ●9
(그림2)

1(●=①)은 1×1로 첫 째 4각수이다.

둘 째 4각수 2×2=4는 田(밭 전)를 그리며, 셋 째 4각수는 3·6·9로 점 다섯(○○○○○)의 역(逆) 'ㄴ'자안에 田자를 이루는 4와 더하기를 하여 9이다 (4+5=9). 이렇게 하여 (그림1)을 아홉 째 4각수를 정리를 하면 (그림3)과 같다(괄호숫자는 첫 째로부터 아홉째까지 4각수다).

(그림3)을 직각삼각형(△)으로 볼 때 빗변과 밑변이 1,3,5,7,9,11,13,15,17 아홉수로 81과 만난다. 1, 3, 5 , 7, 9, 11, 13, 15, 17 아홉수는 (그림1)의 1 ①로부터 9까지 역(逆) 'ㄴ'자의 점(○=●)의 숫자다. 즉, (그림1) 맨 위에 있는 구구표 1단(1, 2, 3, 4, 5, 6, 7, 8, 9)로부터 역 'ㄴ'자로 네모 (方:□)를 이루는 4각수다. 1, 3, 5, 7, 9, 11, 13, 15, 17를 모두 더하기를 하면 81이 되고 (그림4)과 같은 피라미드가 된다.

1=1(1)
1+3=4(2)
1+3+5=9(3)
1+3+5+7=16(4)
1+3+5+7+9=25(5)
1+3+5+7+9+11=36(6)
1+3+5+7+9+11+13=49(7)
1+3+5+7+9+11+13+15=64(8)
1+3+5+7+9+11+13+15+17=81(9)

(그림3)

```
1 ○ 1
2 ○○○ 3
3 ○○○○○ 5
4 ○○○○○○○ 7
5 ○○○○○○○○○ 9
6 ○○○○○○○○○○○ 11
7 ○○○○○○○○○○○○○ 13
8 ○○○○○○○○○○○○○○○ 15
9 ○○○○○○○○○○○○○○○○○ 17
```

(그림4)

왼쪽 빗변 1, 2, 3, 4, 5, 6, 7, 8, 9 아홉수는 구구표 1단이고, 오른 쪽 빗변 1, 3, 5, 7, 9, 11, 13, 15, 17 아홉수는 (그림3)의 밑변과 빗변의 아홉수이며 구구표81방의 피라미드수이다. (그림5)는 (그림4)의 하도선천수(河圖先天數) 1·3·5까지다.

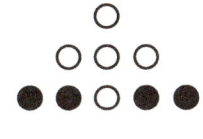

(그림5)

(그림4)의 흰점 다섯(○○○○○)을 가운데 점(○)좌우로 검은 점으로 바꾸었다. (그림5)의 중앙 十자로 보이는 다섯 점이 하도낙서(河圖洛書)의 중앙에 있는 5(土)이다.

13. 河圖洛書와 백방(百方)

사전적 의미의 백방(百方)은 여러 가지의 방법이나 방도(方道)를 일컫는다. 그 백방이 무엇인가. (그림1)은 10×10으로 백방(=10단)이다.

1	2	3	4	5	6	7	8	9	10
2	4	↓						18	20
3	←	9						27	30
4			16					36	40
5				25				45	50
6					36			54	60
7						49		63	70
8							64	72	80
9	18	27	36	45	54	63	72	81	90
10	20	30	40	50	60	70	80	90	100

(그림1)

方(방)은 '네모'란 뜻으로 표시를 하면 '□'이다. 여씨춘추(呂氏春秋)에서 천원지방(天圓地方)을 '하늘은 둥글고 땅은 네모지다'라고 했다. 백방은 하도수(河圖數) 55와 낙서수(洛書數) 45의 합이며(55+45), 그 안에 구구81방

(方:9×9)과 대성괘(大成卦)64(8×8)가 있다. 하도낙서 100방안에 방법(方法)과 도리(道理)가 있어 방도(方道)이기도 하다. (그림2)는 백방 안에 하도와 낙서수다.

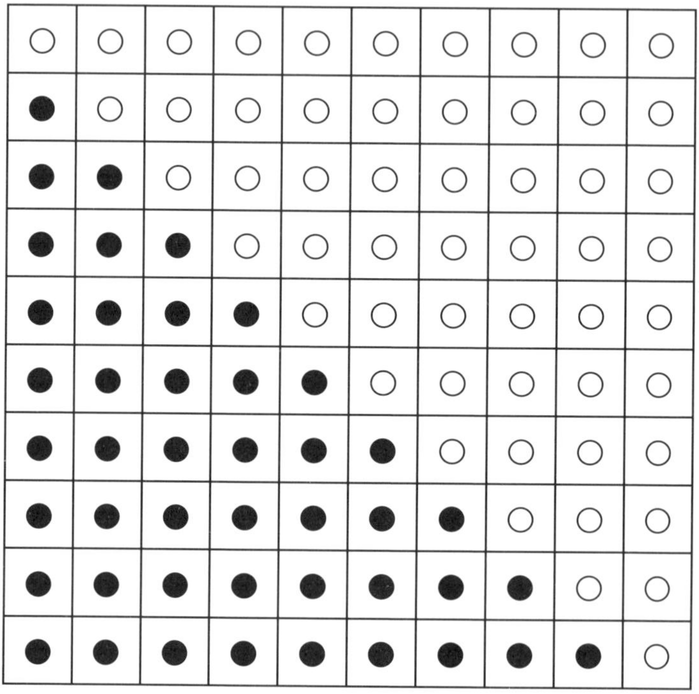

(그림2)

(그림1)에서 역(逆) 'ㄱ'자의 1, 2, 3, 4, 5, 6, 7, 8, 9는 낙서수이며 구구표에서 1단이다(회색표시). 1단과 'ㄱ'자를 이루는 18, 27, 36, 45, 54, 63, 72, 81 여덟 수는 9단이며, (그림1)은 10단으로 1단+9단이다. 즉, 1단 1, 2, 3, 4, 5, 6, 7, 8, 9에 9, 18, 27, 36, 45, 54, 63, 72, 81을 더하기를 하면 10, 20, 30, 40, 50, 60, 70, 80, 90이다. 이는 (그림1)에서 좌측1단(회색)과 우측9단

(백색)을 서로 마주보고 있는 방끼리 더하기를 하면 10, 20, 30, 40, 50, 60, 70, 80, 90이라는 것을 알 수 있다.

(그림1)을 보면 구구표81방의 처음 수 1로부터 81(9×9)을 연결하는 1, 4, 9, 16, 25, 36, 49, 64, 81 중심수(4각수)와 종횡(縱橫:세로와 가로)으로 1단이 화살표(\)를 이룬다(회색부분 참조). 99(81)에 이르니 처음으로 다시 돌아감을 나타내고 있다.

(그림1)에서는 0이 아닌 10으로 10×10으로 100이다. 그렇다면 0은 어디에 있는가. 수학에서는 이렇다.

←　-5 -4 -3 -2 -1　0　1　2　3　4　5…　→
(음의 정수=陰數)　　(양의 정수=陽數)

0은 구구표81방(=네모) 밖의 수이며 수학에서는 양수도 음수도 아닌 정수다. 그러나 (그림1)에서 '0'은 영(零:zero)이 아닌 공(空;○)이다.

(그림1)에서 또 하나 보이는 것이 2×2=4방의 田(회색부분)이다. 4방(田) 안 에서 빠진 수가 3이다. 그 3은 처음 수 1(□)과 2(□□)를 세모(△)를 그리면 삼각형 꼭짓점(1:□)으로부터 밑변 두2(□□)가 2,3으로 1,2,3천지인(天地人)이 되며 2×2=4로 田자를 이룬다. 즉, (그림1)의 2×2=4안에 3이란 수가 포함되었다는 뜻이다.

(그림2)에서 우측 흰점55개(=河圖數)를 점하나(○:1)로부터 (○ ○ ○ ○ ○ ○ ○ ○ ○ ○:10)까지 더하기를 하면 '○ ○'은 3이 되고 '○ ○ ○'은 6

이 되어 1, 3, 6, 10, 15, 21, 28, 36, 45, 55가 된다. 즉, 1, 2, 3, 4, 5, 6, 7, 8, 9, 10을 차례로 더하기를 한 수열(數列)이며 열째(10) 3각수 55이다(구구표와 삼각수 참조).

(그림2)에서 흰점1(○)아래에 있는 검은 점1(●)로부터 2(●●), 3(●●●) …… 9(●●●●●●●●●) 낙서 아홉수가 하도(흰점55)와 4각수를 이루고 있다(구구표와 사각수 참조).

(그림1)의 2×2=4에서 1은 첫째 4각수이고 田자를 이루는 역(逆) 'ㄴ'자로 점(●과○○)이 합하여 둘 째 4각수 4(2×2)가 되었다. (그림3)은 (그림2)의 검은 점(●)45개 부분이다.

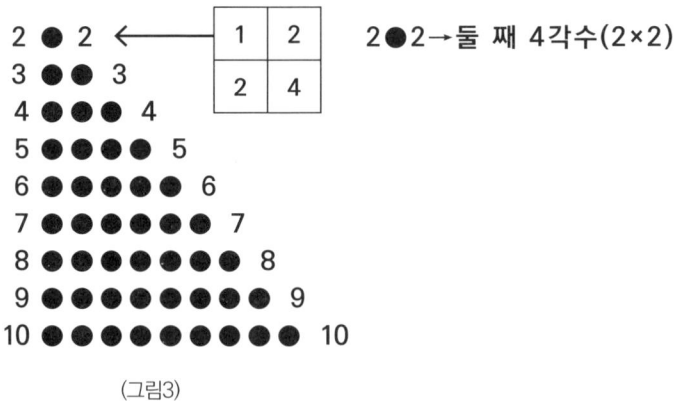

(그림3)

첫 째 4각수는 (그림2)의 점 하나(○=그림1:의 1x1)이며, 둘째 4각수는 (그림2)의 구구표 2×2=4까지 4방이다(그림1의 2×2=4회색표시로 그림3의 맨 위에 있는 田자를 이루는 4방).

(그림3) 직각삼각형(△) 높이에 해당되는 2●2는 (그림1)의 역(逆)'ㄱ'자 1

단 세로줄(縱線)2이며 둘 째 4각수 2×2=4의 피승수 2자리다. 그 아래로 3, 4, 5, 6, 7, 8, 9, 10은 직각삼각형 높이에 해당된다.

(그림3)의 빗변에 해당되는 2, 3, 4, 5, 6, 7, 8, 9 (10)은 1(○)을 포함하여 첫 째(=○:1)로부터 아홉째(열째)까지 4각수 순위며 그 제곱수가 (그림1)의 중심수 1, 4, 9, 16, 25, 36, 49, 64, 81(100)이다.

14. 구수도(九數圖)와 낙서마방진(洛書魔方陣)

(그림1)은 최석정(崔錫鼎)의 구수략(九數略)에 나오는 구수도(九數圖)이다. 1에서 81까지 같은 수가 겹치지 않고 81방(9×9)에 대입을 하여, 종과 횡으로 더하기를 하면 369이며, 모두 더하면 3321이 되는 정규 마방진이다. (그림1)에서 숨겨진 낙서마방진을 찾아본다.

31	76	13	36	81	18	29	74	11
22	40	58	27	45	63	20	38	56
67	4	49	72	9	54	65	2	47
30	75	12	32	77	14	34	79	16
21	39	57	23	41	59	25	43	61
66	3	48	68	5	50	70	7	52
35	80	17	28	73	10	33	78	15
26	44	62	19	37	55	24	42	60
71	8	53	64	1	46	69	6	51

(그림1)

(그림1)의 회색부분 9방(方)을 1구역으로 하고, (그림2)와 같이 아홉 구역으로 나누었을 때 각 구역을 종횡(縱橫)으로 더하기를 하면 괄호숫자와 같은 상수가 된다.

(그림1)의 회색부분을 예(例)를 들면 종횡 및 '十'자와 '×'자로 더하기하면 120이 되는 3차 마방진이 (그림2)의 1구역이다(회색부분).

1구역 (120)	2구역 (135)	3구역 (114)
4구역 (117)	5구역 (123)	6구역 (129)
7구역 (132)	8구역 (111)	9구역 (126)

(그림2)

(그림3)의 31·76·13, 22·40·58, 67·4·49는 1구역(회색부분)이며, 괄호숫자는 31·76·13, 22·40·58, 67·4·49의 십 자리(10자리)를 1자리로 바꾼 것이다. 십 자리(10자리)를 1자리로 바꾸는 방법은 1자리가 나올 때까지 계속 더해나간다. 31인 경우는 3+1=4이며, 76은 7+6=13 →1+3=4이고, 13은 1+3=4이다. 이렇게 하여 1구역은 모두 4가된다(괄호숫자④).

31④	76④	13④
22④	40④	58④
67④	4④	49④

(그림3)

(그림1)의 2구역은 36·81·18, 27·45·63, 72·9·54 아홉수가 되는데 이를 순서대로 나열하면 9, 18, 27, 36, 45, 54, 63, 72, 81로 9단이며 1자리로 바

꾸면 9다. 나머지 3, 4, 5, 6, 7, 8, 9구역을 이와 같은 방법으로 바꾸면 (그림 4)의 큰 고딕 숫자가 되며 괄호숫자③·⑥·⑨는 (그림2)의 괄호숫자를 1자리로 바꾼 것이다. (그림2)의 1구역의 예(例)를 들면 상수 120은 1+2+0=3(③)이다.

4·③	9·⑨	2·⑥
3·⑨	5·⑥	7·③
8·⑥	1·③	6·⑨

(그림4)

(그림4)의 큰 고딕 숫자 4·9·2, 3·5·7, 8·1·6은 낙서마방진(洛書魔方陣)이고, 종횡(縱橫)으로 괄호숫자 ③·⑥·⑨는 3·6·9천수삼합(天數三合)이다. ×(乂)자로는 낙서마방진 4·5·6(╲)이 ③·⑥·⑨이며, 2·5·8(╱)천수삼합은 ⑥·⑥·⑥으로 만난다.

(그림4)의 4·9·2, 3·5·7, 8·1·6 (그림1:청색표시)은 (그림1)의 각 구역 맨 아래에서 중심수를 이루고 있다. 또 하나의 마방진을 찾아보자.

(그림1)에서 十자와 ×자를 이루며 좌우(左右)·상하(上下) 큰 방(方:□)의 꼭짓점과 중심수를 이루는 1, 11, 21, 31, 41, 51, 61, 71, 81(짙은 청색표시) 아홉수가 있다(여기서 1은 큰 방 정사각형 밑변 중심수로 청색표시와 겹침).

1, 11, 21, 31, 41, 51, 61, 71, 81(짙은 청색표시) 아홉수를 (그림1)에서

(그림5)와 같은 순서로 자리를 하고 있다.

31	81	11	→ 1자리로 바꾸면	4	9	2
21	41	61	→ 1자리로 바꾸면	3	5	7
71	1	51	→ 1자리로 바꾸면	8	1	6

　　　　(그림5)　　　　　　　　　　(洛書魔方陣)

(그림5)를 1자리로 바꾸니 낙서마방진이다. 따라서 (그림1)에는 세 가지 방법의 낙서마방진이 나온다.

15. 태극(太極)에서 팔괘(八卦)까지

(그림1)은 하도낙서(河圖洛書) 중앙에 있는 다섯 개의 흰점(○)이다.

(그림1)에서 맨 아래에 있는 흰점(○)을 빼면 '○○○' 위에 '○'으로 1과3이며, 세모(△)가 된다. '○'과 '○○○'을 위에서 아래로 세로줄(縱線)을 그으면 '○'은 'ɸ'으로 '○○○'은 '○ɸ○'이 되는데 여기서 'ɸ(=☯)'은 태극(☯)이며, '○ɸ○'은 양의(兩儀:●○)이다. (그림2)는 양의에서 팔괘(八卦)까지이다.

☷(8)	☶(7)	☵(6)	☴(5)	☳(4)	☲(3)	☱(2)	☰(1)	팔괘(三變) (괄호는 數理)
⚏		⚎		⚍		⚌		사상(二變)
⚋				⚊				양의(一變)

(그림2)

(그림3)은 복희선천팔괘(伏羲先天八卦)를 구구표25방(方:□)에 대입을 한 것이다.

(그림3)

(그림3)은 十자와 ×자로 아래와 같이 만난다(그림4).

```
1 2 3 4
8 7 6 5
```
(그림4)

(그림4)를 위·아래 더하기를 하면 9가 되고, 1, 2, 3, 4, 5, 6, 7, 8을 모두 더하기를 하면 36이며, 1, 2, 3, 4, 5, 6, 7, 8순(順)은 동그라미를 그린다.

양효(陽爻:━)는 1획이고, 음효(陰爻:╌)는 2획이다. 따라서 수리(數理)1 ☰(乾)의 획수는 3획이고 수리 8 ☷(坤)은 6획이니 3+6=9획이다.

수리 2와 7로 마주보고 있는 ☱(兌)와 ☶(艮)은 4획+5획으로 9획이고, 수리 3과 6은 ☲(離)와 ☵(坎)으로 4획+5획으로 9획이며, 수리 4와 5는 ☳(震)과 ☴(巽)으로 5획+4획으로 9획이다. (그림3)에서 十자와 ×자로 서로 마주보고 있는 수리의 합이 9×4=36 이며, 팔괘의 총획수 역시 9×4=36 이다. 팔괘에서 36은 물(坎卦:☵:6)과 불(離卦:☲:3)이다.

(그림3)은 (그림2)의 수리4 ☳(震)과 수리5 ☴(巽)의 중심선(│)으로 팔괘(=小成卦) 삼극(三極)이 서로 다른 양의(兩儀)로 대칭이다. 수리4와 5를 예를 들면 ☳(4)와 ☴(5)는 맨 위와 가운데는 '╌'과'━'이며 맨 아래는 '━'과 '╌'이다. 즉, 진(震卦:☳)의 맨 위가 '╌'이니, 손(巽卦:☴)의 맨 위는 '━'이다. 수리1과 8의 건(乾卦:☰)은 모두 양효(━)이니 곤(坤卦:☷)는 모두 음효(╌)로 대칭이다. 이를 모두 종합을 하면 (그림5)와 같이 팔괘의 수리가 동그라미를 그린다.

```
① →
1 2 3 4 │ 5 6 7 8
8 7 6 5 │ 4 3 2 1
                ← ②
```
(그림5)

(그림5)의 '①→'은 팔괘의 순(順)이고 '←②'은 역(逆)이다. 화살표(①·②)를 따라가면 큰 동그라미를 그리고 중심선(│)좌우로 1, 2, 3, 4, 5, 6, 7, 8 이 8자로 두 개의 원(∞)을 그리고 있다. (그림4)는 (그림5)의 좌측부분이라는 것을 알 수 있다.

*참고:복희팔괘차서도(伏羲八卦次序圖)

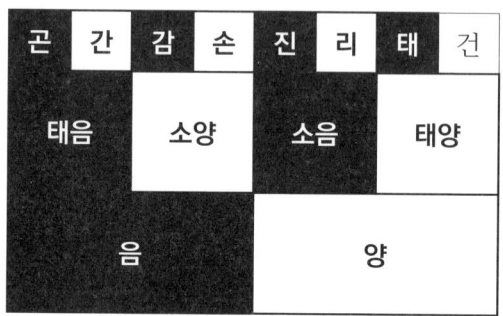

복희팔괘차서도는 태극(太極)으로부터 2분법(二分法)에 의하여 양의(兩儀:--·—) →사상(四象:== ·=·==·=) →팔괘(八卦:☷☶☵☴☳☲☱☰)까지 성립 과정을 도표와 한 것이다.

16. 낙서(洛書)와 卍자

어느 불교포교용(佛敎布敎用) 도서에서 卍자를 이렇게 설명했다.

– 달리 불만(佛卍)이라고도 부르며 범어로는 '슈리밧샤'라고 하여 '부처님의 위대한 성덕(聖德)'이란 표시다.

卍에는 두 가지 뜻이 있다. 하나는 길상해운(吉祥海雲)이라고 해서 길하고 상서로운 바다의 구름, 즉 부처님의 슬기로운 마음과 모든 번뇌와 미혹을 능히 파괴할 만큼 강한 부처님의 지혜, 용맹을 상징하는 깃발, 보리심의 상징인 삼매와 반야를 뜻한다.

또 하나는 진리의 생동성을 말하는 것으로 바람개비가 돌아가는 것을 상징적으로 표현한 것이다. 이는 부처님이 설하신 8만4천 법문이 바람개비와 같이 항상 돌고 돌아서 멈춤이 없어야 함을 뜻하는 것이다 –

卍자는 자전(字典)에서 十(열 십:2획) 부(部首) 4획에서 찾는데 '佛書萬字(불서만자)' 또는 '만자 만'이다. '만자 만'은 '佛書萬字'를 풀어쓴 것이다.

'만자 만'이라고 쓴 자전은 부처의 흉상(胸像)에 있는 길상(吉祥)의 표시이며, 범어(梵語)에서 '萬'자라고 자세한 설명까지 했다.

이정도면 卍자가 지닌 의미는 충분히 이해를 할 수 있다. 그런데 卍자의 유래는 확실치 않다. (그림1)은 낙서수(洛書數)를 구구표25방(方:□)에 대입을 한 것이다.

4		9		2
	4	9	2	
3	3	5	7	7
	8	1	6	
8		1		6

(그림1)

(그림1)은 중앙에 있는 낙서수(=洛書魔方陣)가 十자와 ×자로 한 칸씩 앞으로 나가 9방에서 25방을 이룬 것이다(큰 고딕 숫자). (그림1)에서 무슨 글자가 보이는가. 가운데 회색부분 十자홀수와 청색 낙서수가 완전한 卍자를 이룬다.

5는 1, 2, 3, 4, 5, 6, 7, 8, 9낙서 아홉수의 중심수다. (그림1) 중앙에서 十자를 이루는 1, 3, 5, 7, 9는 하늘의 수(天數)로 순서대로 연결하면 'N'자가 된다.

'N'은 'north'로 북쪽이며 (그림1)의 맨 아래에서 1과6이 보인다. 1·6은 오행(五行)에서 水(수)이며 문왕후천팔괘방위도(文王後天八卦方位圖)에서 북쪽으로 수리(數理)6 감괘(坎卦:☵)가 된다.

(그림1)의 1과 짝을 이루는 6은 卍자의 총획수와 같으며(部首 2획+4획=6획) 2, 4, 6, 8 땅의 수(地數)는 '×'자를 이루고 있다. 十자와 ×자의 결합이 영국의 국기 '유니언 잭'을 닮았다.

(그림1)을 1·6(水)로부터 우측으로 卍자를 그리며 둘씩 짝을 이루면 1·6(水), 2·7(火), 4·9(金), 3·8(木)이 되는데 이는 낙서의 1·6(水) → 2·7(火) → 4·9(金) → 3·8(木) → 5(土) → 1·6(水) 오행상극(五行相剋) 순환운동이다.

그 반대로 1·6(水) → 3·8(木) → 2·7(火) → 5·10(土) → 4·9(金) → 1·6(水)는 하도의 상생순환운동이 된다. 즉, 5(10:土)를 중앙으로 2·7(火)과 4·9(金)의 자리가 바꿈으로 상생과 상극으로 돈다.

따라서 卍자는 (그림1)의 낙서처럼 5를 중심축으로 하여 바람개비처럼 도는데 때에 따라서는 역(逆)으로 돌기도 있다.

참고 : (그림2)는 (그림1)의 회색부분을 청색으로 바꾼 것이다. 낙서마방진이 卍자를 만들었다.

4		9		2
3		5		7
8		1		6

(그림2)

河圖洛書 講解 하도낙서 강해

17. 영어 알파벳과 하도낙서

아라비아 숫자 1에서 10까지 로마숫자는 아래와 같다.

아라비아 숫자	1	2	3	4	5	6	7	8	9	10
로마 숫자	I	II	III	IV	V	VI	VII	VIII	IX	X
	i	ii	iii	iv	v	vi	vii	viii	ix	x

(그림1)은 영어 알파벳 수리(數理)이다.

수 리	1	2	3	4	5	6	7	8	9	10
대문자	A	B	C	D	E	F	G	H	I	J
소문자	a	b	c	d	e	f	g	h	i	j
수 리	11	12	13	14	15	16	17	18	19	20
대문자	K	L	M	N	O	P	Q	R	S	T
소문자	k	l	m	n	o	p	q	r	s	t
수 리	21	22	23	24	25	26				
대문자	U	V	W	X	Y	Z				
소문자	u	v	w	x	y	z				

(그림1)

로마 숫자 하나는 I 이고 i 와 같이 쓴다. 'I'는 영어 알파벳의 아홉째 자(字)로 아라비아 숫자로 쓰면 1이다. (그림1)에서 1, 2, 3, 4, 5, 6, 7, 8, 9는 낙서수(洛書數)이고 9에서 하나를 더하기를 한 10까지를 하도수(河圖數)라 한다. 낙서수의 중심수가 5가 되며 하도수 10은 짝수이므로 중심선으로 5와 6이다. (그림2)는 구구표 1에서 3단까지다.

1	2	3	4	**5**	6	7	8	9
2	4	6	8	**10**	12	14	16	18
3	6	9	12	**15**	18	21	24	27

(그림2)

　　(그림2)에서 고딕 큰 글자 5·10·15는 낙서(洛書) 아홉수(=1단)로부터 2단과 3단의 중심수이다. 하도수에서 1, 2, 3, 4, 5를 생수(生數)라 하고 6, 7, 8, 9, 10을 성수(成數)라 한다. (그림1)과 (그림2)에서 5·10·15가 영어에서 하나를 뜻하는 'one:원'이 어디에서 나왔는지를 추측 할 수 있다. 'one'의 음(音) 역시 원(圓:○)과 같으며, 한자어 元(=原)은 접두사로 명사 앞에서 쓰이어 '본디', '처음'의 뜻을 나타내는 말이기도 하다.

※one의 'N'은 洛書魔方陣의 숫자 1, 3, 5, 7, 9를 연결하거나, 하도낙서의 흰점 다섯도 'N'자를 그린다.

　　A는 영어사전의 첫 자이며 수리(數理)는 1이다. 영어 알파벳에서 1을 나타내는 글자는 I(=i)이며 'L'의 소문자 'l'이 아라비아 숫자 '1'과 같다(실제로 필자는 컴퓨터 자판을 앞에 'l'은 'L'의 소문자이며 뒤에 1은 숫자 1을 쳤다). 그렇다면 첫 자 'A'와 제9자 'I'와 다른 점은 무엇인가. 'A'는 '1'또는 'I' 둘을 人(=入:사람 인)에 'ㅡ'를 더한 모습이며 세모(△)가 보인다. 세모(△)는 천지인(天:1·地:2·人:3)에서 사람(人)이다.

　　영어 알파벳의 열두째 자 'L'은 로마숫자로 50이며, 50은 주역에서 대연수(大衍數)라 한다. 대연수는 1, 2, 3, 4, 5에서 1, 3, 5하늘의 수(天數)를 3으로 하고, 2와 4 땅의 수(地數)를 2로 하여 3+2=5이다. 이것은 5단의 5, 10, 15, 20, 25, 30, 35, 40, 45 아홉수 다음에 5를 더하여(45+5) 50이다.

즉,낙서수1, 2, 3, 4, 5, 6, 7, 8, 9 아홉수의 덧셈 45에 5의 합이며 이는 10×5와 같은 것이다. 2와 함께 5는 주역에서 中(중)과 正(정)이라 하여 대성 괘(大成卦=64卦)의 길흉(吉凶) 판단에 가장 중요하게 보고 있다.

(그림1)에서 'I'와 가장 많이 닮은 글자가 'J(j)'와 'L(l)'이다. 알파벳의 제10 자 'J'의 아래 글자의 꼬리 방향이 아홉째 글자 'I'로 향한 모습이다.

제11번째 K는 'I'에 부등호(不等號) '〈(크다)'를 결합한 모습이다. 제12 자 'L'은 'J'와 반대로 꼬리가 우측을 향했으며 소문자 'l'은 '1(일)을 닮았다.

제22자 'V'가 겹친 것이 23번째 'W'이다. 'V'가 더블(double:두 겹)하여 'W(더블유)'이다.

제24자 '×'는 로마 숫자 10이며, '×'를 반(半)으로 나눈 'V'는 '5'다.

제25자 'Y'는 'I'이 좌우(左右)로 갈라진 모양이다.

알파벳글자의 I(나는)는 수리가 9이며 그 소문자가 'i'이다. 이것은 구구표 에서 9×9=81방에서 처음 수 '1'과 공(·=○)이 결합된 모습이다.
수리8인 H는 'I(數理9)' 둘에 양효(陽爻)'─'을 연결된 모양이다. H는 원 자번호 1이며, O는 원자번호 8로, H_2O는 수소와 산소의 결합으로 물이다. 영어 알파벳 26자는 'O', 'Q' 등 몇 자를 제외하고는 'I'의 변형이라는 것을 알 수 있다.

하도낙서(河圖洛書)에서 하도수를 선천수(先天數)라 하고 낙서수를 후천수(後天數)라 한다. 이 중 하도수 1, 2, 3, 4, 5(生數)가 체(體)가 되는 기본수가 되고, 6, 7, 8, 9, 10(成數)은 용(用)이다. 이것은 몸(體)을 어떻게 쓰느냐(用)에 따라서 결과가 다르게 나온다는 뜻이다.

영어 알파벳 26자는 사람(A=人)으로 시작하여 아홉수 나(I)와 15인 'O'를 만나 내 공(I·O)을 만들고 구구표 81방(方)의 중심수 25 'Y'에 섰다. 'Y'의 좌·우 양 갈래 길에서 중심을 잡고 무엇을 선택하느냐는 어디까지나 나의 몫이며, 그 주인공 역시 바로 나(I)다.

18. 육십갑자(六十甲子)와 하도수(河圖數)

 (그림1)은 육십갑자(六十甲子)이다. 甲子로부터 乙丑 →丙寅 →丁卯順(순)으로 좌에서 우로 읽으며 癸亥까지 60甲子이다(6줄×10칸=60).

甲子	乙丑	丙寅	丁卯	戊辰	己巳	庚午	辛未	壬申	癸酉
甲戌	乙亥	丙子	丁丑	戊寅	己卯	庚辰	辛巳	壬午	癸未
甲申	乙酉	丙戌	丁亥	戊子	己丑	庚寅	辛卯	壬辰	癸巳
甲午	乙未	丙申	丁酉	戊戌	己亥	庚子	辛丑	壬寅	癸卯
甲辰	乙巳	丙午	丁未	戊申	己酉	庚戌	辛亥	壬子	癸丑
甲寅	乙卯	丙辰	丁巳	戊午	己未	庚申	辛酉	壬戌	癸亥

(그림1)

 (그림2)는 육십갑자의 수리표(數理表)이다. 예를 들어 1·1은 甲子(갑자)이며 앞에 1은 천간(天干)이고 뒤에 1은 지지(地支)이다.

1·1	2·2	3·3	4·4	5·5	6·6	7·7	8·8	9·9	10·10
1·11	2·12	3·1	4·2	5·3	6·4	7·5	8·6	9·7	10·8
1·9	2·10	3·11	4·12	5·1	6·2	7·3	8·4	9·5	10·6
1·7	2·8	3·9	4·10	5·11	6·12	7·1	8·2	9·3	10·4
1·5	2·6	3·7	4·8	5·9	6·10	7·11	8·12	9·1	10·2
1·3	2·4	3·5	4·6	5·7	6·8	7·9	8·10	9·11	10·12

(그림2)

천간(天干)과 지지(地支)의 수리(數理)는 다음과 같다.

天干	甲(갑)	乙(을)	丙(병)	丁(정)	戊(무)	己(기)	庚(경)	辛(신)	壬(임)	癸(계)
數理	1	2	3	4	5	6	7	8	9	10

地支	子(자)	丑(축)	寅(인)	卯(묘)	辰(진)	巳(사)	午(오)	未(미)	申(신)	酉(유)
數理	1	2	3	4	5	6	7	8	9	10

天干	戌(술)	亥(해)
數理	11	12

(그림1)를 보면 마지막 癸亥(계해)의 수리가 10·12로 즉,십간십이지(十干十二支) 숫자로끝나며 여기서 12는 하도수(河圖數)10(=十干)+2(地數)라는 것을 알 수 있다.

(그림2)의 구성은 좌에서 우로 1, 2, 3, 4, 5, 6, 7, 8, 9, 10 順이며, 아래로 여섯(6)씩 짝을 지어 60(10×6)이다.

1·1(甲子)로부터 10·12(癸亥)까지 1·1(甲子)과 2·2(乙丑),그 아래 1·11(甲戌)·2·12(乙亥)가 넷이 한 묶음이 되어(회·청색부분) 田(밭 전)字를 만들어 1·1에서 10·12까지 대각선으로 연결한다. 이렇게 하면 3·1과 4·2는 3·11과 4·12가 짝이 되며(청색부분), 5·1과 6·2는 5·11과 6·12가 짝이 되고(청색부분), 7·1과 8·2는 7·11과 8·12가 짝이 되며(청색부분), 9·1과 10·2는 9·11과 10·12가 위·아래로 짝(황·회색부분)을 이루어 모두 다섯 개의 田자로 짝이 된다. 이렇게 했을 때 1·3·5·7·9와 2·4·6·8·10 天數와 地數가 각각 지지(地支)에서 1과 2 그리고 11과 12가 위·아래로 짝을 이룬다.

(그림2)의 회색부분을 보자.

1·1, 2·2, 3·3, 4·4, 5·5가 맨 위(上)에 위치하고 6·8, 7·9, 8·10, 9·11, 10·12가 맨 아래(下)에 있다.

1·1, 2·2, 3·3, 4·4, 5·5와 6·8, 7·9, 8·10, 9·11, 10·12를 앞에 數(=天干)만 선택하면 (그림3)이 된다. (그림4)는 10干의 오행이다.

```
        하도(河圖:先天數)              10간(十干:後天數)
         1   2   3   4   5
         6   7   8   9   10        1·2   3·4   5·6   7·8   9·10
  오행   水  火  木  金   土          木    火    土    金    水
              (그림3)                           (그림4)
```

(그림2)에서 육십갑자(六十甲子)의 시작점인 1·1(甲子)에서 6·8(己未)까지 대각선을 그리어 'V'자로 10·8(癸未)를 연결하면 이렇다.

1·1, 2·12, 3·11, 4·10, 5·9, 6·8, 7·11, 8·2, 9·5, 10·8

앞에 천간(天干)은 1, 2, 3, 4, 5, 6, 7, 8, 9, 10 하도수가 되며 여덟째 이하의 수는 8·2, 9·5, 10·8이다.

이런 방법으로 2·2는 3·1, 4·12, 5·11, 6·10, 7·1, 8·4, 9·7이 10·10을 만난다.

2·2 다음 3·3은 4·2, 5·1, 6·12, 7·3, 8·6, 9·9와 연결되는데 (그림5)는 7·7로부터 10·10까지 16방(4×4)이다. 하도수가 중복되는 10·10은 여기에서 제외하고 굵은 고딕숫자는 천수삼합(天數三合)이다.

7·7	8·8	9·**9**	10·10
7·5	8·**6**	9·**7**	10·**8**
7·**3**	8·**4**	9·**5**	10·6
7·**1**	8·**2**	9·3	10·4

(그림5)

　　(그림5)의 맨 아래 7·1(庚子)로부터 위(上)로 지지(地支)를 읽으며 1, 3, 5, 7 천수(天數)가 3·6·9천수삼합 9와 연결되며(3·6·9고딕숫자), 8·2(辛丑)의 지지를 위로 읽으면 2, 4, 6, 8지수(地數)가 7·1(庚子)의 지지1로부터 1·4·7천수삼합이 10(癸酉)과 연결된다.

　　7·3(庚寅)은 구구단 7단과 3단으로 1자리(첫자리)가 3, 6, 9, 2, 5, 8, 1, 4, 7천수삼합이 순역(順逆)으로 돌며 3과 7 두 자연수를 다하기를 하면 10 (3+7)이다.

　　(그림5)에서 천간 7, 8, 9, 10은 하도후천수(河圖後天數=成數)이며, 지지는 11과 12가 빠진 1, 2, 3, 4, 5, 6, 7, 8, 9, 10이 보인다.
　　맨 아래 청색으로 田자를 이루는 지지의 수리는 1, 2, 3, 4로 'ㄨ'자의 합이 2와 3, 1과 4로 5를 이룬다. 이는 구구표 81방에서 처음 수 1로부터 2×2=4(田)에 해당되는 부분과 같다.

　　굵은 고딕 1(7·1=庚子)로부터 1·4·7 천수삼합을 중심으로 위로는 3·6·9가 아래로는 2·5·8 천수삼합이 자리를 하고 있다.
　　(그림5)에서 고딕 숫자는 1, 2, 3, 4 田자위로 5, 6, 7, 8, 9가 7을 중앙으

로 十자를 이루고 있다. 5, 6, 7, 8, 9는 7을 중앙으로 十자의 합이 21이다 (5+7+9=21. 6+7+8=21). 21은 3×7의 3과 7이며, 1자리로 바꾸면 3이다 (2+1=3).

60갑자를 甲子, 乙丑, 丙寅 등으로 보았을 때는 干支로만 보였지만 천지인(天地人)삼재(三才=三極)의 생성(體)과 현상의 변화(用)는 물론 하도(河圖)와 고리를 함께 하고 있다는 것을 알 수 있다.

19. 하도와 복희팔괘방위도(伏羲八卦方位圖)

(그림1)은 하도(河圖)다.

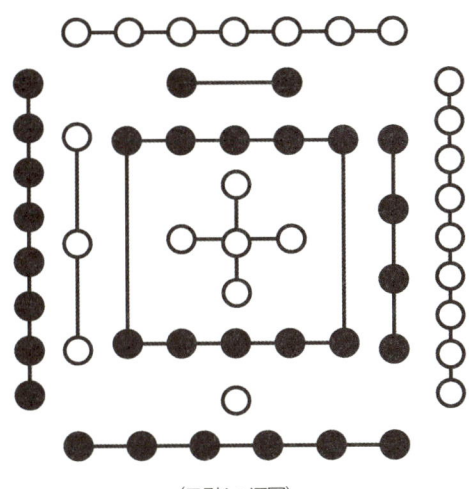

(그림1 : 河圖)

(그림2)는 (그림1)하도를 수(數)로 바꾼 것이다. 예를 들어 1·6은 ○(1)·●●●●●●(6)이고 2·7은 .●●(2)·○○○○○○○(7)이다.

	2·7	
3·8	5·10	4·9
	1·6	

(그림2)

(그림2)의 앞에 자연수가 生數(생수=1, 2, 3, 4, 5)이고 뒤에 있는 자연수가 成數(성수:6, 7, 8, 9, 10)이다. (그림3)은 (그림2)를 1, 2, 3, 4, 5順(순)으로 정리를 한 것이다.

73

1	2	3	4	5 ← 생수
6	7	8	9	10 ← 성수
五行 水	火	木	金	土

(그림3)

(그림4)는 구구표에서 5까지 25方(방=5×5)이다(고딕은 그림5의 팔괘자리를 나타낸 것이다).

1	2	**3**	4	5
2	**4**	6	**8**	10
3	6	9	12	**15**
4	**8**	12	**16**	20
5	10	**15**	20	25

(그림4)

(그림5)는 (그림4)를 복희팔괘에 대입한 것이다(괄호숫자는 八卦數理다).

1	2	☰ ①	4	5
2	☷ ②	6	☲ ⑤	10
☳ ③	6	9	12	☶ ⑥
4	☵ ④	12	☱ ⑦	20
5	10	☴ ⑧	20	25

(그림5)

(그림5)를 十자와 ×자로 마주보고 있는 수를 더하기를 하면 9이며 1·4·7 (회색), 2·5·8(청색)천수삼합의 두 삼각형 결합이 '✿'이다. 9를 중심수로 3·6·9천수삼합이며 서로 마주보고 있는 것을 정리하면 (그림6)과 같다. 화살표를 따라 가면 1, 2, 3, 4, 5, 6, 7, 8이 원을 그린다.

(그림7)은 (그림6)에 5를 중앙에 놓고 1, 2, 3, 4, 5, 6, 7, 8, 9낙서수(洛書數)로 'M'를 이룬 것이다. 이렇게 했을 때 (그림7)은 문왕팔괘방위도(後天圖)가 되며 복희팔괘방위도(先天圖)와 같이 十자와 ×자로 마주보고 있는 수를 더하기를 하면 10이 된다.

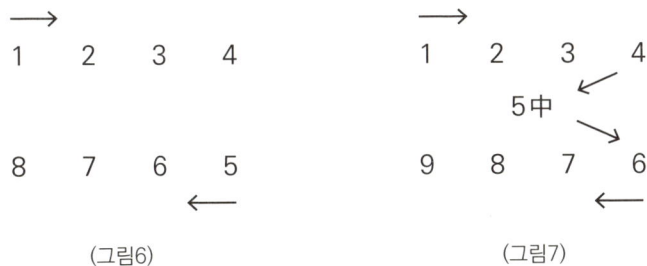

(그림6)　　　　　　　　(그림7)

20. 낙서(洛書)와 문왕팔괘방위도

(그림1)은 낙서수(洛書數:좌측)와 문왕후천팔괘(文王後天八卦:우측)를 구구표 25방(□)에 대입한 것이다(文王八卦 괄호숫자는 數理).

4	9	2
3	5	7
8	1	6

		☲離 ⑨		
		☴巽 ④		☷坤 ②
	☳震 ③		5 中		☱兌 ⑦
		☶艮 ⑧		☰乾 ⑥
		☵坎 ①		

(그림1 : 낙서와 문왕팔괘)

복희선천팔괘도(伏羲先天八卦圖)는 서로마주보고 있는 수리(數理)의 합이 9이며, 문왕후천팔괘도(文王後天八卦圖)는 ＋자와 ×자로 마주보고 있는 수리의 합이 10이다.

(그림1)의 좌측 낙서마방진(洛書魔方陣)은 5(土)를 중앙으로 1,3,7,9가 ＋자로 9방(方:□)안에 있으나, 우측 문왕팔괘도는 밖에서 마름모(◇)모양이며 그 안에 2,4,6,8이 네모(□=方)를 이루고 있다. 이것은 팔괘도 원(圓:○)의 모습을 25방(□)에 대입을 했기 때문이다.

좌측 낙서마방진을 홀수(天數) 1, 3, 5, 7, 9를 연결하면 'N'자가 되며, 우측 문왕팔괘방위도는 설괘전(說卦傳) 제5장에 의한 것이다.

설괘전(說卦傳) 제5장은 만물(萬物)은 진(震)에서 나오니 震은 동방(東方)이라 했다.

3진(☳)으로부터 4손(巽:☴)→9리(離:☲)→2곤(坤:☷)→7태(兌:☱)→6건(乾:☰)→1감(坎:☵)→8간(艮:☶)이다.

이렇게 하여 진(3)은 동방(東方)이고, 손(4)은 동남(東南)이며, 리(9)는 남방(南方)이다. 곤(2)은 서남(西南),태(7)는 서방(西方)이며,건(6)은 서북(西北), 감(1)은 북방(北方),간(8)은 동북(東北)이다.

(그림1)의 좌측 낙서마방진이 5를 중앙으로 하여 1·6(水) → 2·7(火) → 4·9(金) → 3·8(木)우선(右旋)으로 원(圓:○)을 그리고 있다. 우측 문왕팔괘 역시 좌측 낙서마방진을 그대로 옮겨놓은 것이다. (그림1)의 문왕팔괘가 +자와 ×자로 만나는 것은 (그림2)와 같다.

1	2	3	4
☰	☱	☲	☳
	5中		
9	8	7	6
☴	☵	☶	☷

(그림2)

(그림2)를 ×자로 외곽(外廓)과 내곽(內廓)이 위·아래 만나는 것을 1, 2, 3순으로 나열 하면 (그림3)과 같은 하도수(河圖數)의 오행(五行)이 된다.

| 1 | 2 | 3 | 4 | (5) |
| 6 | 7 | 8 | 9 | (10) |

(그림3)

(그림4)는 설괘전(說卦傳) 제10장의 내용에 의한 문왕팔괘차서도(文王八卦次序圖)이며 괄호숫자는 팔괘의 수리(數理)다.

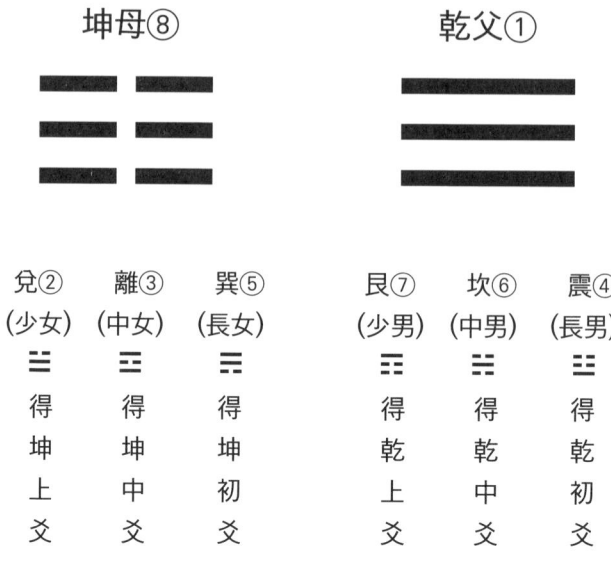

(그림4)

　(그림4)는 팔괘에서 하늘(乾:☰)과 땅(坤:☷)을 부모로 하여 震(진:4)을 장남,巽(손:5)을 장녀라 하여 수리(數理)의 합은 4+5=9이고. 중남坎(감:6)과 중녀 離(리:3) 수리의 합이 6+3=9이며, 소남 艮(간:7)과 소녀 兌(태:2) 역시 7+2=9다(乾과 坤역시 1+8=9이다).

　설괘전(說卦傳) 제10장은 부모(父母)로부터 삼남삼녀(三男三女)를 얻는 것을 구체적으로 설명했다. (그림4)에서 父(건부:☰)를 읽는 방법은 건부(1:☰) 맨 아래로부터 위로(↑) 初爻(초효),中爻(중효),上爻(상효)가 된다. 이렇게 했을 때 건부 맨 아래 초효(—)가 震(4:☳)이고 중효(—)가 坎(6:☵)이며, 상효가 艮(7:☶)이다. 그렇다면 어떻게 해서 진·감·간을 장남·중남·소남이고 巽(손)·離(리)·兌(태)를 장녀·중녀·소녀라 했을까.

(그림5)는 복희팔괘방위도에 문왕팔괘차서도를 대입한 것이다.

		☰乾 1(父)	
	☱兌 2(소녀)	☴巽 5(장녀)	
☲離 3(중녀)			☵坎 6(중남)
	☳震 4(장남)	☶艮 7(소남)	
		☷坤 8(母)	

(그림5)

(그림5)를 '十'자와 '×'자로 마주보고 있는 수를 더하기를 하면 모두 9가 되는데 1과 8은 乾(건)과 坤(곤)으로 (그림4) 乾父(①)와 坤母(⑧)가 된다. 4번 진(☳)과 5번 손(☴)의 경우 震의 초효 '―(陽爻)'가 '--(陰爻)'로 바뀌고, 중효와 상효 '--(陰爻)'가 각각 '―(陽爻)'으로 바뀌었다.

중남과 중녀, 소남과 소녀도 음효(--)는 양효(―)로, 양효는 음효로 바뀌었다. 이렇게 하여 (그림4)와 (그림5)를 통하여 문왕팔괘와 복희팔괘와의 관계를 알 수 있다.

21. 복희(伏羲) 및 문왕팔괘도 비교

(그림1)은 팔괘가 나타내는 의미이다.

☷:坤	☶:艮	☵:坎	☴:巽	☳:震	☲:離	☱:兌	☰:乾	팔괘
8	7	6	5	4	3	2	1	수리
母	少男	中男	長女	長男	中女	少女	父	가족
西南	東北	北	東南	東	南	西	西北	방향

(그림1)

(그림2)는 복희선천팔괘(伏羲先天八卦)를 구구표25방(方:□)에 대입 한 것이다. (그림3)은 문왕후천팔괘방위도(文王後天八卦方位圖)를 구구표25방에 대입을 한 것이다.

(그림2)

(그림3)

(그림2) 복희선천팔괘도(伏羲先天八卦圖)는 ＋자와 ×자로 마주보고 있는 수리(數理)의 합이9이며, (그림3) 문왕후천팔괘방위도(文王後天八卦方位圖)는 ＋자와 ×자로 마주보고 있는 수리의 합이 10이다.

(그림2) 복희선천팔괘도는 (그림1)의 팔괘와 수리가 1,2,3,4와 5,6,7,8이 역(逆)으로 원(○)을 그리고 있으며, (그림3) 문왕후천팔괘방위도는 낙서마방진(洛書魔方陣)을 그대로 옮긴 것이다. (그림1)의 가족과 방향은 설괘전(說卦傳) 제5장과 제10장에 의한 것이다(洛書와 文王八卦方位圖 참조).

(그림2)에서 남방(南方)은 수리(數理)1건괘(乾卦:☰)이며 (그림3)은 이괘(離卦:☲)로 수리9다. (그림2)의 북방(北方) 수리8곤괘(坤卦:☷)의 자리에 (그림3)은 수리1감괘(坎卦:☵)가 된다.

(그림2)는 1·4·7천수삼합(天數三合)으로 1을 삼각형(△) 맨 위에서 꼭짓점을 이루고 있는 반면 (그림3)은 1·2·4가 역삼각형(▽)으로 1이 아래로 내려왔다. 이것이 선천(先天)과 후천(後天)에서 일어나는 자리바꿈이다.

22. 하도와 81方피라미드

(그림1)은 하도(河圖) 피라미드이다.

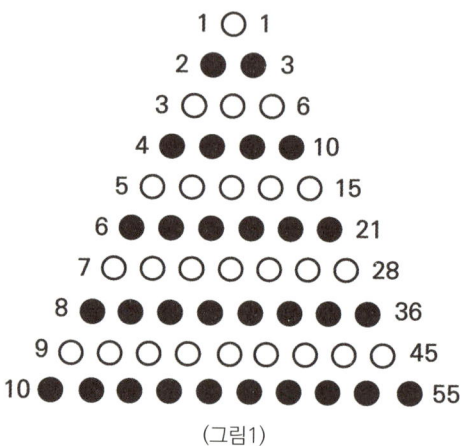

(그림1)

　(그림1) 천수1(○)에서 지수10(●●●●●●●●●●)까지 직선을 그으면 1은 '⊕'으로 태극이 된다('⊕'은 '①'이며 '⊖'이기도 하다). '●●'은 '●│●'으로 '○○○'은 '○⊕○'으로 '●●●●'은 '●●│●●'이 되며 맨 아래 '10●●●●●●●●●●'은 '●●●●●│●●●●●'으로 10번째 3각수 55 중심선을 기준으로 좌·우 다섯으로 나누어진다.

　즉, (그림1)을 '○'으로부터 '●●●●●●●●●●'까지 직선을 그으면 2,4,6,8,10 땅의 수(地數)는 중심선을 좌·우로 하여 1,2,3,4,5가 대칭을 이루며 1,3,5,7,9 하늘의 수(天數)는 중심수를 좌·우로 하여 1,2,3,4로 대칭이 되어 나누어진다. 이 때 '●●●●●│●●●●●'을 수(數)로 나타내면 다음과 같다.

-5 -4 -3 -2 -1 0 1 2 3 4 5

그 누구도 이것을 벗어 날 수 없는 공평한 삶의 법칙이다.

(그림2)는 구구표81方(방)피라미드이다.

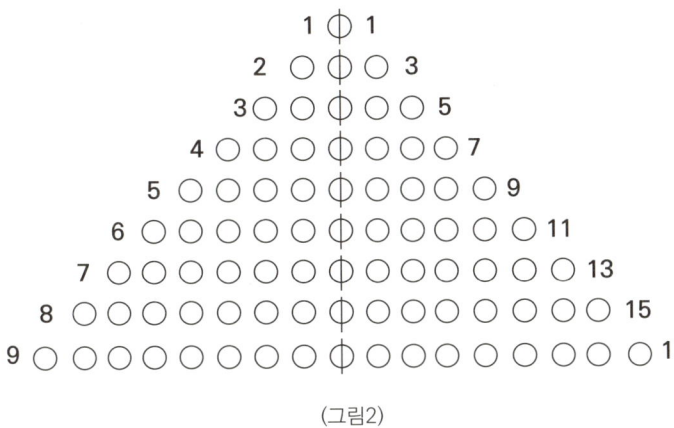

(그림2)

(그림2)는 구구표81방을 1, 3, 5, 7, 9, 11, 13, 15, 17홀수(陽數)의 피라미드를 (그림1)과 같이 처음 수 1(○)로부터 17(○○○○○○○○○○○○○○○○○)까지 중심선을 그은 것이다(1, 3, 5…17은 홀수이기 때문에 중심수로 나누어진다)

(그림2)는 좌측 부분은 1, 2, 3, 4, 5, 6, 7, 8, 9 洛書數(낙서수=1단)이며 우측 1, 3, 5, 7, 9, 11, 13, 15, 17은 피라미드수로 모두 더하기를 하면 구구표 81방의 수가 된다. 1에서 17까지 더하기를 하면 153이다 (1+2+3…16+17=153).

153은 하도수 1, 2, 3, 4, 5, 6, 7, 8, 9, 10에서 1, 2, 3, 4, 5 生數(생수)의 1, 3, 5 하늘의 수(天數)이기도 하다.

(그림3)의 세로줄(縱線) ①~⑨는 (그림2)의 중심수(Φ)이며 밑변가로줄(橫線) ①~⑨는 (그림2)의 밑변 17(ΟΟΟΟΟΟΟΟΦΟΟΟΟΟΟΟΟ)의 중심수이다.

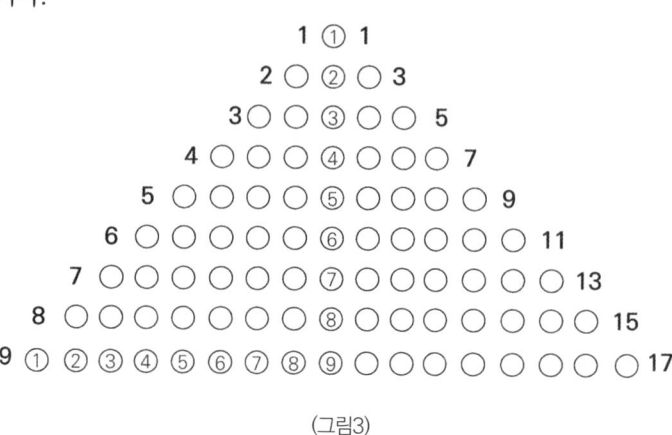

(그림3)

(그림3)은 세로줄(↓) ①~⑨를 중심으로 같은 수로 대칭을 이루고 있는데 (그림4)는 우측부분이다.

(그림4)는 (그림1)의 1에서 9까지 즉, 낙서수 1, 2, 3, 4, 5, 6, 7, 8, 9이며 9번째 3각수 45까지이다.

구구표 81방은 중심4각수가 되는 1, 4, 9, 16, 25, 36, 49, 64, 81의 아홉수를 좌·우 대칭으로 36方(방)이다. (左36數 + 右36數 + 중심수9數 = 81數)

(그림4)

23. 상수(象數)와 수리론(數理論)

그동안 필자가 하도낙서(河圖洛書)를 소개하면서 수리(數理)란 용어를 많이 썼다.

우리말 큰 사전은 수리학(數理學)을 수학(數學)과 자연과학(自然科學)이라 설명했고 필자의 저서 '河圖洛書와 구구표' 역시 수학과 자연과학으로 분리되었다.

한국민족문화대백과사전에서 상수론(象數論)은 '주역을 연구하는 데는 상(象)·수(數)·이(理)의 세 가지 입장이 있다. 상은 역(易)의 괘상(卦象)을 주로 하여 연구하는 것이며, 수는 수리(數理), 이는 의리(義理), 즉 윤리적 입장에서 연구하는 것이다'라고 했는데 자세한 것은 인터넷 검색으로도 찾을 수 있다.

수(數)의 근간(根幹)은 하도낙서로 본다. 하도(河圖)는 오늘날과 같은 문자를 사용하지 않고 그림으로 나타냈던 시대이기 때문에 圖(그림 도)이며, 낙서(洛書)는 문자를 사용하던 시대였기 때문에 書(글 서)이다. 도서(圖書)란 낱말은 하도의 '圖'와 낙서의 '書'에서 연유되었다.

(그림1)과 같은 하도와 낙서는 11세기 주진(朱震)에 의하여 도식화 되었다고 하지만 고대로부터 내려오는 하도낙서를 점(○)으로 바꾸었을 뿐이지 수는 변함이 없다.

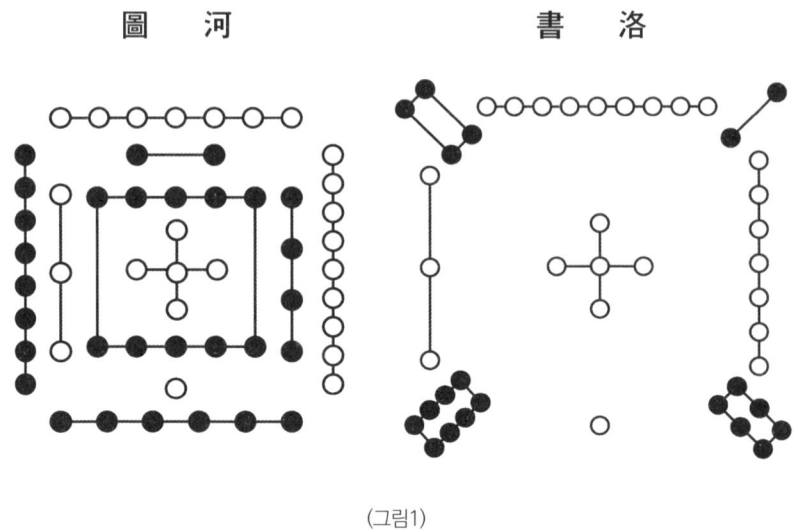

(그림1)

    (그림1)을 그림이라 하지 수(數)는 아니다. 그러나 수리(數理)공부를 하는 사람은 수가 보인다. 점하나(○)는 1이고 점둘(●●)은 2다.

    눈썰미가 있는 사람은 하도와 낙서 중앙에 '十자'로 다섯 점(5)이 같은 자리에 있다는 것도 보이고 하도의 점의 수가 홀수와 짝수가 짝을 이루고 있다는 것도 알 수 있다. (그림1)과 같이 점으로 나타낸 것도 상(象)의 하나로 볼 수 있다.

    (그림2)는 태극에서 팔괘까지이다.

☷(8)	☶(7)	☵(6)	☴(5)	☳(4)	☲(3)	☱(2)	☰(1)	팔괘(三變)(괄호는 數理)
☷		☶		☵		☱		사상(二變)
--				—				양의(一變)

(그림2)

(그림2)에서 양의(兩儀)는 음(陰)과 양(陽)을 나타내는 양효(陽爻:━)와 음효(陰爻:╌)가 상(象)이며 '⚌ ⚍ ⚎ ⚏'은 사상(四象)이다.

팔괘(八卦)의 '☰☱☲☳☴☵☶☷' 역시 상이며 1, 2, 3, 4, 5, 6, 7, 8은 수리이다. 이렇게 상(象)을 수(數)로 나타내어 상수(象數)가 된다. 그러나 지금까지의 상수론은 주역앞장에 나오는 하도낙서와 십익(十翼) 일부를 설명한 일반적인 내용이었다.

(그림3)은 구구표81방(方)이며 고딕숫자는 중심4각수와 3·7 단 첫 자리(1자리)수이다.

1	2	3	4	5	6	7	8	9
2	**4**	6	8	10	12	14	16	18
3	**6**	**9**	12	15	**18**	21	**24**	**27**
4	8	12	**16**	20	24	28	32	36
5	10	15	20	**25**	30	35	40	45
6	12	18	24	30	**36**	42	48	54
7	**14**	**21**	**28**	3**5**	4**2**	**49**	**56**	6**3**
8	16	24	32	40	48	56	**64**	72
9	18	27	36	45	54	63	72	**81**

(그림3)

(그림3)은 구구표81방을 이루고 있는 81수이다. 여기서 같은 수끼리 겹친 수가 더 많기 때문에 실제로는 (그림3)의 구구표81방에 나오는 수는 36수가 되며 이것은 팔괘의 총획수이기도 하다.

그동안 구구표하면 곱셈과 나눗셈에서나 쓰이는 것으로 알았지 수리(數理)에서 암호(暗號)와 같다는 것을 아는 사람이 없었다. 상수를 연구하는 과정에서 필자가 이를 발견하여 새로운 수리론을 발표하게 된 것이다.

(그림4)는 (그림3)의 3단과 7단 첫 자리(1자리)수를 옮긴 것이며 구분하기 위하여 중심수5는 괄호숫자로 나타냈다.

① →
3 6 9 2 ⑤ 8 1 4 7 … 3단 첫 자리 수
7 4 1 8 ⑤ 2 9 6 3 … 7단 첫 자리 수
                        ← ②
(그림4)

(그림4)를 위·아래 더하기를 하면 합이 10이고 화살표 '①→'은 3·6·9, 2·5·8, 1·4·7천수삼합(天數三合)이다.

(그림3)에서 보는 것처럼 구구표는 자연수 1로부터 시작된다. 수학에서 '0'은 양수(陽數)도 음수(陰數)도 아닌 정수이다. 구구표에서는 '0'이 아닌 1과 0의 결합 10(2×5 : 5×2)이 (그림1)의 하도 중앙에 5(○○○○○)를 가운데에 두고 10이 위·아래(上下) 다섯(●●●●●)씩 나누어져 있다.

화살표 '①과 ②'를 따라가면 3·6·9, 2·5·8, 1·4·7천수삼합이 동그라미를 그리고 중심수 '5(⑤)'를 기준으로 하여 좌우로 3·6·9, 2·5·8, 1·4·7천수삼합이 8자로 서로 다른 방향에서 동그라미를 그린다.

(그림5)는 (그림3)의 3단 첫 자리 수(①에서 ⑨까지 괄호 숫자)를 낙서수(洛書數=낙서 마방진)에 대입을 한 것이다.

③ 4	⑥ 9	⑨ 2
② 3	⑤ 5	⑧ 7
① 8	④ 1	⑦ 6

(그림5)

(그림5)에서 3·6·9, 2·5·8, 1·4·7천수삼합은 가로줄(橫線)이며 이를 세로줄(縱線)을 아래에서 위로 읽으면 1, 2, 3, 4, 5, 6, 7, 8, 9이다.

(그림3)의 2×2=4는 1과함께 田(밭전)이고 1, 4, 9, 16, 25, 36, 49, 64, 81아홉 중심수로 같은 수가 좌우(左右)대칭이다.

아홉 중심수 좌우로 꼭지각이 90도(9자리)이며 밑각이 각각 45도(1과 81자리)가 되는 두 개의 이등변직각삼형으로 나누어졌다.

45는 1, 2, 3, 4, 5, 6, 7, 8, 9 낙서수를 모두 더하기를 한 셈이며 (그림3) 구구표 81방에서 빠진 수이기도 하다. 따라서 (그림3)의 구구표도 81방에 수가 들어가 있는 것처럼 보이지만 수리의 종합을 이로고 있는 하나의 상(象)이 되는 것이다.

24. 왜 64괘인가

　팔괘(八卦)를 소성괘(小成卦)라 하고 소성괘가 상하로 둘씩 짝을 이루면 대성괘(大成卦=64卦)라 한다. 태극(☯)이 양의(兩儀)가 되고(一變), 양의가 사상(四象)이 되고(二變), 사상이 팔괘(八卦)를 이루어(三變) 이를 삼변성도(三變成道)라 한다. 태극에서 팔괘까지는 2분법에 의하여 양의(━ ╌:2)가 사상(⚌⚍⚎⚏:4)으로 분화했고, 사상이 팔괘(8)로 분화 했다. 즉, 2 → 4(2×2) → 8(4×2)이다. 8다음에 16(8×2) → 32(16×2) → 64(32×2)가 되어야 하는데 16과 32를 건너뛰어 64이다. 그 이유를 (그림1)로 설명한다(괄호안의 數는 八卦의 數理다).

☷(8)	☶(7)	☵(6)	☴(5)	☳(4)	☲(3)	☱(2)	☰(1)	외괘\내괘
								☷(8)
								☶(7)
								☵(6)
								☴(5)
								☳(4)
								☲(3)
								☱(2)
								☰(1)

(그림1)

(그림1)과 같이 복희팔괘(伏羲八卦)를 외괘(外卦=上卦)는 우(右)에서 좌(左)로, 내괘(內卦=下卦)는 아래에서 위로 1번 건괘(乾卦:☰)로부터 8번 곤괘(坤卦:☷)를 순서대로 나열하여 64방(方=8×8)이다.

※구구표는 (그림1)의 'ㄱ'자로 외괘와 내괘의 17방(方:□)이 포함된 81방(9×9)이다. 여기서 64괘는 구구표81방에서 (그림1)의 'ㄱ'자를 이루는 외괘와 내괘17방을 뺀 8×8=64이다.

(그림2)는 (그림1)을 수리로 바꾼 것이다. '18'을 예(例)를 들면 앞에 '1'은 외괘(=上卦)로 건(乾卦:☰), 뒤의 '8'은 내괘(=下卦) 곤(坤卦:☷)으로 '천지비(=否卦:䷋)'이며, '81'은 건(乾卦:☰)과 곤(坤卦:☷)이 내·외괘(內外卦)가 바뀌어 '지천태(=泰卦:䷊)'이다.

88	78	68	58	48	38	28	18
87	77	67	57	47	37	27	17
86	76	66	56	46	36	26	16
85	75	65	55	45	35	25	15
84	74	64	54	44	34	24	14
83	73	63	53	43	33	23	13
82	72	62	52	42	32	22	12
81	71	61	51	41	31	21	11

(그림2)

(그림2)에서 같은 수로 중심을 이루고 있는 11, 22, 33, 44, 55, 66, 77, 88

여덟 수(청색부분)는 건(☰:1)·태(☱:2)·리(☲:3)·진(☳:4)·손(☴:5)·감(☵:6)·간(☶:7)·곤(☷:8)의 외괘와 내괘가 동일한 소성괘가 중첩(重疊)되었다. 따라서 '11(䷀)'일 경우는 건괘(☰)가 거듭되었기 때문에 '重'자를 사용하여 중천건(重天乾)이라 한다.

88, 77, 66, 55, 44, 33, 22, 11여덟 수를 좌우(左右)로 78인 경우는 87로, 68은 86으로 앞뒤의 두 자연수가 바뀐 역수(逆數) 대칭을 이룬다. 여기에 '×'자로 '18(否卦:䷋)'로부터 '81(泰卦:䷊)'까지 여덟 수(회색부문)가 사선(／)을 이루고 있다.

18로부터 81까지 사선(／)을 이루고 있는 18, 27, 36, 45, 54, 63, 72, 81 여덟 수는 구구표의 9단이다.

구구표81방에서 'ㄱ'자로 17수가 되는 1, 2, 3, 4, 5, 6, 7, 8, 9낙서(洛書) 아홉수 중 여덟 수 와 9단 18, 27, 36, 45, 54, 63, 72, 81 여덟 수가 (그림2)에서 '×'자로 중심수를 이루고 있으며 (그림1)의 외괘와 내괘를 나타낸 'ㄱ'자 부분의 17방(□)이다.

25. 구구표 81方과 64卦

(그림1)은 구구표81방(方:□)으로 'ㄱ'은 1단(洛書數)과 9단이며, 중앙 사선을 이루는 1, 4, 9, 16, 25, 36, 49, 64, 81아홉수는 구구표 중심수이다. 구구표는 중심수 좌우(左右)로 같은 수가 대칭이다.

1	2	3	4	5	6	7	8	9
2	4	6	8	10	12	14	16	18
3		9	12	15	18	21	24	27
4			16	20	24	28	32	36
5				25	30	35	40	45
6					36	42	48	54
7						49	56	63
8							64	72
9	18	27	36	45	54	63	72	81

(그림1)

(그림2)는 구구표81방 (그림1)의 숫자 피라미드이다(괄호숫자①~⑰은 피라미드숫자이고 중앙에 있는 ⑨는 중심수이다).

```
                        1  ①
                     2  3  4  ③
                  5  6  7  8  9  ⑤
               2  4  6  8  10 12 14  ⑦
            16 18  3  6  ⑨ 12 15 18 21  ⑨
         24 27  4  8 12 16 20 24 28 32 36  ⑪
      5 10 15 20 25 30 35 40 45  6 12 18 24  ⑬
   30 36 42 48 54  7 14 21 28 35 42 49 56 63  8  ⑮
16 24 32 40 45 56 64 72  ⑨ 18 27 36 45 54 63 72 81  ⑰
```
(그림2)

(그림1)구구표의 중심수는 25(5×5)였던 것이 (그림2)피라미드에서는 9가 중심수가 된다.

(그림2) 처음 수 1(①)에서 중심수9(⑨)를 좌우(左右)로 '⊥'자를 만들면 1에서부터 수직(丨) 1, 3, 7, 8, 9(⑨) 다섯 수와 우측으로 만나는 피라미드 수가 ⑨(21)이다.

(그림3)은 (그림1)의 역(逆) 'ㄱ'자로 세로 및 가로줄(縱橫)로 1단 1, 2, 3, 4, 5, 6, 7, 8, 9(=낙서수)와 아홉 중심수이다. (그림3)을 우측으로 45도 돌려서 보면 81에서 1로 향하는 화살표(↘)가 된다. 이것이 9·9(九九)다.

(그림4)는 河圖數(하도수)와 五行(오행)이다. (그림4)의 생수와 성수를 더하기를 한 수가 7, 9, 11, 13, 15이다. 이것은 (그림2)에서 ⑰이 빠진 15(⑮)

까지 이다. 따라서 (그림1)에서 'ㄱ'자 회색부분 17수를 뺀 나머지 8×8=64
로 8괘(=소성괘)에서 64괘(=대성괘)를 성립한다.

1	2	3	4	5	6	7	8	9
2	4							
3		9						
4			16					
5				25				
6					36			
7						49		
8							64	
9								81

(그림3)

	1	2	3	4	5	…生數(先天數)
	6	7	8	9	10	…成數(後天數)
오행	水	火	木	金	土	
	7	9	11	13	15	

(그림4)

26. 팔괘방위도(八卦方位圖)와 64괘(卦)

(그림1)은 구구표 25방(方:5×5)이다. 고딕 큰 글자 홀수1·3·5·9·15·25 여섯 수는 (그림2)의 낙서(洛書)가 위치한 자리이며 하도낙서(河圖洛書)수 에서7이 빠졌다. 가운데 청색부분은 (그림2)의 하도와 같은 자리를 나타낸 것이다.

1	2	3	4	5
2	4	6	8	10
3	6	9	12	15
4	8	12	16	20
5	10	15	20	25

(그림1)

☰ ④	☷ ⑨	☶ ②
☳ ③	☰:2 ☷:1 ☶:5	☱ ⑦
	☴:3 ⑤中 ☲:6	
	☳:4 ☴:8 ☲:7	
☵ ⑧	☲ ①	☴ ⑥

(그림2)

(그림2)는 (그림1)구구표 25방에 하도낙서(河圖洛書)를 대입한 것이다. 흰 부분은 洛書, 청색부분이 河圖다. 흰 부분 괄호숫자는 낙서후천수(洛書後天數)이고, 중앙에 있는 청색부분9방(□)은 하도선천수(河圖先天數)다.

(그림2) 중앙(청색부분)의 복희선천팔괘도(伏羲先天八卦圖=河圖)와 문왕후천팔괘도(文王後天八卦圖=洛書)의 수리(數理)가 각각 다르다. 건(乾卦:☰)을 예를 들면 복희선천팔괘도의 수리는 1이며, 문왕후천팔괘도 에서는 6이다. 그 뿐만 아니라 복희팔괘도는 1, 2, 3, 4, 5, 6, 7, 8이고, 문왕팔괘도는 1, 2, 3, 4, 5, 6, 7, 8, 9(=구구표1단)이며 여기서 중심수(中心數)5(⑤)는 (그림2)의 중앙에 있다.

(그림1)에서 청색부분 아홉 방은 모두가 짝수인데 9가 홀수다. 여기서 9는 (그림1)의 25방 중심수이며, 25(5×5)는 구구표 81방의 중심수다. (그림1)에서 1, 3, 5, 7, 9 하늘의 수(=天數)에서 7이 빠졌는데 25의 두 자리(=10자리)를 1자리로 바꾸면 7(2+5)이다.

(그림3)은 64괘 수리표(數理表)이다. 64괘는 팔괘(=小成卦)가 외괘(=上卦)와 내괘(=下卦)를 두 개로 겹쳐 대성괘(大成卦=64卦)를 이룬다. 청색표시는 내·외괘에 건·곤·감·리 4괘중 어느 한 괘도 들어가지 않은 16괘이다.

☷(坤) 8	☶(艮) 7	☵(坎) 6	☴(巽) 5	☳(震) 4	☲(離) 3	☱(兌) 2	☰(乾) 1	외괘 / 내괘
(坤) 88	(剝) 78	(比) 68	(觀) 58	(豫) 48	(晉) 38	(萃) 28	(否) 18	☷(坤) 8
(謙) 87	(艮) 77	(蹇) 67	(漸) 57	(小過) 47	(旅) 37	(咸) 27	(遯) 17	☶(艮) 7
(師) 86	(蒙) 76	(坎) 66	(渙) 56	(解) 46	(36) 未濟	(困) 26	(訟) 16	☵(坎) 6
(升) 85	(蠱) 75	(井) 65	(巽) 55	(恒) 45	(鼎) 35	(大過) 25	(姤) 15	☴(巽) 5
(復) 84	(頤) 74	(屯) 64	(益) 54	(震) 44	(噬嗑) 34	(隨) 24	(无妄) 14	☳(震) 4
(明夷) 83	(賁) 73	(63) 旣濟	(家人) 53	(豐) 43	(離) 33	(革) 23	(13) 同人	☲(離) 3
(臨) 82	(損) 72	(節) 62	(中孚) 52	(歸妹) 42	(睽) 32	(兌) 22	(履) 12	☱(兌) 2
(泰) 81	(大畜) 71	(需) 61	(小畜) 51	(大壯) 41	(大有) 31	(夬) 21	(乾) 11	☰(乾) 1

(그림3)

'ㄱ'자로 건(☰:1)으로부터 곤(☷:8)까지 1, 2, 3, 4, 5, 6, 7, 8은 팔괘의 수리(數理)이며, 11로부터 88은 64괘의 수리다. 64괘는 구구표81방(方:□)에서 ㄱ'자의 회색과 검은색의 17방이 빠진 64(8×8)방이다.

(그림3)의 64방은 11중천건(=乾卦:䷀)으로부터 88중지곤(=坤卦:䷁)까지 화살표'╲'방향으로 건(1·1), 태(2·2), 리(3·3), 진(4·4), 손(5·5), 감(6·6), 간(7·7), 곤(8·8) 팔괘가 중심선 좌우로 역수(逆數) 대칭을 이루고 있다.

(그림3)은 건(☰)과 곤(☷)이 64방의 큰 4각형 안에 감(☵)과 리(☲)가 16방(4×4)의 4각형을 이루고 있다(그림3 : 數理 66·33·36·63참조). 중앙에는 수리4 진(=震卦:☳)과 수리5 손(=巽卦:☴)이 손(巽卦:55)·진(震卦:44)·항(恒卦:45)·익(益卦:54) 4괘가 田자 모습으로 자리를 하고 있다.

☷:坤	☶:艮	☵:坎	☴:巽	☳:震	☲:離	☱:兌	☰:乾	팔 괘
8	7	6	**5**	**4**	3	2	1	복희팔괘
地	山	水	**風**	**雷**	火	澤	天	자 연
西南	東北	北	東南	東	南	西	西北	방 향

(그림4)

(그림4)는 팔괘의 수리와 자연·방향이다. 방향은 문왕후천팔괘방위도를 나타냈다. 팔괘의 중심선을 이루는 진(4:우레)과 손(5:바람)은 고딕으로 나타냈다.

(그림3)의 복희팔괘는 (그림2)에서 수리(數理)1(乾:☰)으로부터 1, 2, 3, 4가 화살표'⌒'방향으로 5, 6, 7, 8이 그 반대 '⌒'방향에 위치하고 있다. 여기서 (그림2)청색 표시로 나타낸 복희팔괘도를 ＋자와 ×자로 서로 마주보

고 있는 수를 더하기를 하면 '9'가 되는데 건(☰:1)과 곤(☷:8)이 남북(南北)으로 마주하고 있다.

(그림2)에서 또 하나의 건과 곤은 문왕팔괘도에서 수리 2(☷)와 6(☰)으로 서남(☷)과 서북(☰)에 있다.

팔괘의 우레와 바람이 4(우레)와 5(바람)로 합의 9가 64괘에서 중심4방을 이루는 의미는 무엇일까. 자연에서 번개는 생물이 살아가는데 있어서 물만큼이나 필요하다. 그것을 움직이는 것이 바람이다. 즉, 물과 불처럼 번개와 바람은 아홉(9)을 이루는 짝이다. (그림3)의 田자를 이루는 번개와 바람을 보고 이런 느낌이 든다. 나 역시 이 땅에 잠시 왔다가 바람처럼 사라진다.

27. 천부경(天符經)57과 용마(龍馬)

運三四成環五七(운삼사성환오칠)은 천부경81자에서 가장 해석이 어려운 부분이다. 해석자 마다 다르기 때문에 일부를 소개한다.

'셋(三)과 넷(四)으로 운행(運)하고, 다섯(五)과 일곱(7)으로 고리(環)를 이룬다(成).'

– 대산 김석진의 천부경

'五는 운행하여 일체 만물을 이루는 근원인 삼신(三神)과 연기(緣起)의 세계를 연결하는 고리이다.'

– 光明 스님의 천부경

'三四成環, 五七一杏演 : 三과 四가 하나의 원을 이루면서 五七一이 향기처럼 퍼진다.'

– 박용숙의 韓國의 始源思想

※박용숙의 韓國의 始源思想에서의 천부경81자는 析을 碩으로, 無匱(다할 궤)化三을 無愧(부끄러워할 괴)化三으로, 運三四成環五七一妙(묘할 묘)衍(넓을 연)을 運三四成環五七一杏(살구 행)演(넓힐 연)이라 기록했으며, 杏을 香(향기 향)의 오자로 간주한다고 보충 설명을 했다.

'3을 움직여서 4를 이루고 5,7로 돌아온다.'

– 김은수의 桓檀古記

(그림1)은 구구표25방(方)에 복희선천팔괘수리(伏羲先天八卦圖數理)를 대입한 것이다.

		☰(1)		
	☱(2)		☴(5)	
☲(3)				☵(6)
	☳(4)		☶(7)	
		☷(8)		

(그림1)

(그림1)은 건(☰:1)·곤(☷:8)·감(☵:6)·리(☲:3)를 밖으로 하고, 태(☱:2)·진(☳:4)·손(☴:5)·간(☶:7)이 안에서 방(方:□)을 이루고 있다(청색표시 참조).

1	2	3
4	5	6
7	8	9

(그림2)

1, 2, 3, 4와 5, 6, 7, 8이 ╋자와 ╳자로 마주하여 합이 9이며, 1·4·7과 2·5·8이 각각 '△'과 '▽'으로 '✡'이다. (그림2)는 천수삼합(天數三合)이다.

가로줄(橫線)로 읽으면 1, 2, 3, 4, 5, 6, 7, 8, 9낙서(洛書) 아홉수이며, 세로줄(縱線)로 읽으면 1·4·7, 2·5·8, 3·6·9천수삼합이다. 1·4·7은 1에서 3을 더하여 4가 되었고, 4에서 3을 더하여 7이다. 2·5·8은 2+3=5이고, 5+3=8이다. 3·6·9는 3+3=6이고, 6+3=9이다. 즉, 1·2·3을 각각 3으로 덧셈을 해나가면 1·4·7, 2·5·8, 3·6·9천수삼합이다.

(그림1)에서 1·4·7의 '△'과, 2·5·8의 '▽'이 합한 다윗의 별 모양(✡)에 3·6·9의 3과 6이 '一(한 일)'자를 이루고 있다. 가운데 네모(□:청색표시) 좌측에 3과 4가 위치하고 성수(成數)6(坎=물)이 5와 7 하늘의 수(天數)와 고리를 이루고 있다. 그것이 (그림2)에서 ×자의 3으로부터'╱'방향으로 5와 7이 연결되어 1·3·5·7·9가 'Z(좌우로 90도 눕히면 'N'자가 된다)'자를 만들고 있으며, 5를 중앙으로 9방(方)의 큰 네모(□)꼭짓점을 이루고 있다. (그림1)의 5와 7은 손(=巽卦)과 간(=艮卦)이다.

1(一)	2(始)	3(無)
2(盡)	4(本)	6(天)
3(一)	6(三)	9(一)

(그림3)

(그림3)은 구구표 3×3=9의 아홉 방(方)에 천부경81자를 대입한 것이다(괄호안의 글자는 81방에 위치한 천부경이다).

(그림3)의 구구표에서 1, 2, 3, 4, 5, 6, 7, 8, 9 아홉수 중에 빠진 수가 5와7, 그리고 8이다.

천부경은 81자에서 1, 2, 3, 4, 5, 6, 7, 8, 9, 10 하도수(河圖數)가 31번 나오는데, 그 수를 빼면 시종(始終)으로부터 천지인(天地人) 등 한자 50자에 불과하다. 따라서 한자로만 해석은 한계가 있기 때문에 구구표 81방에 대입하면 좀 더 쉽게 접근 할 수 있다.

(그림3)을 보면 구구표와 마찬가지로 천부경도 1(一)로 시작하여 구구표 2자리에 始(처음 시)와 盡(다할 진·마칠 진)이 있고, 구구표 2×2=4자리에 本(근본 본)이다.

(그림3)의 구구표 가로줄(橫線)2·4·6을 연결하면 '一(한 일)'자가 되는데 여기에 천부경 盡·本·天이 자리를 하고 있다.

2는 땅(地)이며 2×2의 4는 (그림3)의 중심수가 되며 처음 수 1과 함께 田

(밭 전)자를 이루어 노동(事=田)을 뜻한다. 따라서 2의 '盡'과 4의 '本', 6의 '天'자는 본분(本分=田)을 다하는 것(盡)이 하늘(天)의 뜻으로 풀겠다.

洛書數(낙서수) 1, 2, 3, 4, 5, 6, 7, 8, 9와 10에서 18까지를 (그림4)와 같이 늘어놓았다.

(그림4)

(그림4)를 '×'자와 '一'자로 더하기를 하면 57이고, 가운데 ⑦⑧⑨⑩⑪⑫를 원을 그려서 더하기를 하면 또한 57이다. ⑦⑧⑨⑩⑪⑫밖에 있는 ④⑤⑥⑬⑭⑮를 더하기를 하면 57이고, ①②③⑯⑰⑱을 더하기를 하여도 역시 57이다. 즉, (그림4)는 밖에서부터 안으로 세 개의 원으로 더하기 하거나 '×'자 또는 '一'자로 더하기를 해도 57이 되는 원방진이다.

천수삼합 1·4·7과 마주하고 있는 12·15·18의 자릿수 근(根)은 3·6·9이며, 첫 자리(1자리)는 2·5·8이다.

2·5·8과 마주하고 있는 11·14·17의 자릿수 근은 2·5·8이며 첫 자리 수는 1·4·7이고 3·6·9와 마주하고 있는 10·13·16의 자릿수 근은 1·4·7이며 첫 자리 수는 0·3·6이다.

(그림5)는 낙서(洛書)를 (그림3)과 같이 구구표 3×3=9방(方)에 대입을 한 것이다. 괄호숫자가 구구표이다.

4①	9②	2③
3②	5④	7⑥
8③	1⑥	6⑨

(그림5)

5를 중앙으로 ┼자와 ×자로 더하기를 하면 합이15이고, 가로줄(橫線)·세로줄(縱線)으로 더하기를 해도 합이 15가 되는 '3차 정규 대칭 마방진(魔方陣)'이다.

5를 중심으로 낙서수1·3·5·7·9 다섯 수를 연결하면 N자가 되고 9방(方)안에 ┼자를 이룬다. (그림5)에서 낙서수 5와7은 구구표 4와 6이 짝이다. 낙서수1·3·5·7·9 ┼자에 2·4·6·8이 정사각형 꼭짓점을 이루고 있다.

(그림5)에서 구구표 3×3=9방(方)에서 빠진 수(數) 5와 7이 구구표 4와 6자리에 있으며 낙서수 8이 3과 함께 하여 하도수의 3·8木이다. 그렇다면 그 5와 7은 무엇인가.

주역에서 3과 2를 삼천양지(參天兩地)라 하고 수의 시원(始原)으로 3+2=5이다. 하도에서 1, 2, 3, 4, 5의 다섯 수를 생수(生數)라 하고, 5×5=25는 구구표 중심수이며 2+5=7이다. 64괘(=大成卦)는 6효(爻)이기 때문에 7이 없고 6에 이르면 극즉반(極則反)의 원리에 따라 처음으로 돌아간다. 이것은 구구표에서 9×9=81과 같다.

십이지(十二支)에서 수리5는 辰(진)으로 용이고 7은 午(오)로 말이다. 결국 천부경의 5와7은 하도(河圖)를 등에 지고 나온 용마(龍馬)였다.

河圖洛書 講解

하도낙서 강해

*참고 : 天符經(천부경)

一	始	無	始	一	析	三	極	無
盡	本	天	一	一	地	一	二	人
一	三	一	積	十	鉅	無	匱	化
三	天	二	三	地	二	三	人	二
三	大	三	合	六	生	七	八	九
運	三	四	成	環	五	七	一	妙
衍	萬	往	萬	來	用	變	不	動
本	本	心	本	太	陽	昂	明	人
中	天	地	一	一	終	無	終	一

28. 易은 逆數다

주역(周易)에서 십익(十翼)설괘전(說卦傳)은 팔괘의 성질과 변화작용을 설명한 글이다. 설괘전 제3장에는 하늘과 땅(天地)은 正位(정위)하고, 산(山)과 못(澤)은 通氣(통기)를 하며, 우뢰(雷)와 바람(風)은 서로 부딪친다고 했다. 그런데 여기서 坎(감)과 離(리)인 물(水)과 불(火)은 서로 쏘지 아니하여(不相射) 팔괘가 서로 섞는다 했다(八卦相錯).

다음에 이어지는 부분은 '數往者는 順코 知來者는 逆하니 是故로 逆數也'이다. 여기서 往(갈 왕)은 '가다'이고 來(올 래)는 '오다'이니 往來는 '가고 오고 함'을 이르는 말이다. 逆數(역수)도 수학(數學)용어이기 때문에 한자만으로 해석은 한계가 있어 필자는 이렇게 풀이를 한다.

팔괘의 수리(數里) 1, 2, 3, 4, 5, 6, 7, 8을 순서대로 쓰면 순(順)이다. 그러나 역(逆)으로 도는 8,7,6,5,4,3,2,1도 있다. 하도(河圖)의 상생(相生)이 있기에 낙서(洛書)의 상극(相剋)이 있다. 팔괘의 순역(順逆)을 쓰면 다음과 같다 (丨=중심선).

$$1\ 2\ 3\ 4\ |\ 5\ 6\ 7\ 8$$
$$8\ 7\ 6\ 5\ |\ 4\ 3\ 2\ 1$$

1, 2, 3, 4, 5, 6, 7, 8을 순역(順逆)으로 따라가면 동그라미(圓)가 되고, 1, 2, 3, 4, 5, 6, 7, 8은 짝수이기 때문 중심수가 아닌 중심선이다. 이렇게 했을 때 1, 2, 3, 4, 5, 6, 7, 8의 순역은 4와 5, 5와 4가 중심선이 되고 중심선을 좌우로 3과 6, 6과 3이 만나는데 이것이 水와 火. 즉, 감과 리이다.

(그림1)은 구구표에서 1, 4, 9, 16, 25, 36, 49, 64, 81 중심수와 'x'자를 이루는 9, 16, 21, 24, 25, 24, 21, 16, 9를 지나는 좌측부분이다.

1	2	3	4	5	6	7	8	9
2	4	6	8	10	12	14	16	18
3	6	9	12	15	14	21		27
4	8	12	16	20	24			36
5	10	15	20	25				45
6	12	18	24		36			54
7	14	21				49		63
8	16						64	72
9	18	27	36	45	54	63	72	81

(그림1)

(그림1)을 우측으로 45도 돌리면 9, 16, 21, 24, 25, 24, 16, 9를 밑변으로 하는 직각삼각형이 된다. 9, 16, 21, 24, 25, 24, 21, 16, 9에서 양쪽 9를 뺀 수는 이렇다.

16 21 24 25 24 21 16

25를 중심으로 하여 16, 21, 24가 같은 수로 대칭이다. 16, 21, 24, 25, 21, 16은 다음과 같은 곱셈이다.

16=8×2, 21=7×3, 24=6×4, 25=5×5, 24=4×6, 21=3×7, 16=2×8

16, 21, 24는 8×2와 2×8, 7×3과 3×7, 6×4와 4×6곱셈의 교환법칙에

의하여 구구표는 1, 4, 9, 16, 25, 36, 49, 64, 81중심수 좌우로 같은 수가 대칭이다. (그림1)의 직각삼각형을 이루고 있는 위에서 아래로(／) 16, 21, 24, 25, 24, 21, 16을 (그림2)과 같이 위·아래 곱셈으로 나열했다.

```
 8    7    6    5    4    3    2
 ×    ×    ×    ×    ×    ×    ×
 2    3    4    5    6    7    8
(16) (21) (24) (25) (24) (21) (16)
```
(그림2)

(그림3)과 같이 (그림2)의 곱셈기호를 빼고 화살표를 따라가면 2, 3, 4, 5, 6, 7, 8 일곱 수가 큰 원을 그리며 중심수5(⑤)를 좌우(左右)로 역수(逆數)가 '∞'자를 그리며 '∞'과 같은 두 개의 원을 그릴 수 있다.

```
                              ←
 8    7    6   ⑤   4    3    2
 2    3    4   ⑤   6    7    8
 →
```
(그림3)

(그림1)의 역'ㄱ'자의 1, 2, 3, 4, 5, 6, 7, 8, 9를 역(逆)으로 그리면 (그림4)와 같다.

```
                                   ←
 1   2   3   4   5   6   7   8   9
 9   8   7   6   5   4   3   2   1
 →
```
(그림4)

(그림4)를 위·아래 더하기를 하면 10으로 하도수(河圖數)가 된다. (그림3)과 마찬가지로 1, 2, 3, 4, 5, 6, 7, 8, 9의 큰 원안에 또 다른 1, 2, 3, 4, 5, 6, 7, 8, 9가 중심수(5) 좌우로 두 개의 원을 그리고 있다.

(그림5), (그림4)에서 9를 한 자리 좌·우로 이동 시킨 것이다. (그림4)와 같이 위·아래를 더하기를 하면 9가 되고(洛書數) 좌·우 9(⑨)를 빼면 1, 2, 3, 4, 5, 6, 7, 8이 원을 그리며 위·아래 두 자연수 홀수(天數)와 짝수(地數)의 집합이 18, 27, 36, 45, 54, 63, 72, 81이다. 이것은 (그림1)에서 1, 2, 3, 4, 5, 6, 7, 8, 9낙서수 (=1단)와 'ㄱ'과 'ㄴ'자로 큰 네모(□)를 이루는 9단 여덟 수이다.

(그림5)

참고 : (그림5)의 1, 2, 3, 4, 5, 6, 7, 8은 팔괘의 수리이며 중심선 좌·우측으로 1, 2, 3, 4와 5, 6, 7, 8이 역으로 돌고 있다. 위·아래 더하기를 하면 9가 되는데 이것은 복희팔괘방위도에서 '十'자와 '×'자로 만나는 수리의 합으로 실괘전(說卦傳) 제3장의 내용이기도 하다.

結論 맺는 글

　　천문학자들은 우주의 시작을 약 140억 년쯤 점 하나로부터 시작했다고 생각한다. 우주는 그 점으로부터 계속 팽창하여 태양은 약 46억 년 전에 태어났으며 그 과정에서 지구도 함께 탄생했다. 국어사전에도 도서(圖書)를 '하도낙서(河圖洛書)에서 온 말'이라고 설명하고 있으나 책(book)으로만 알고 도서의 유래를 아는 사람은 그리 많지 않다. 구구표 또한 1단 1, 2, 3, 4, 5, 6, 7, 8, 9가 낙서수(洛書數)라는 것을 알고 있는 사람이 과연 몇이나 될까.

　　성균관에서 주역 교재로 사용했던 '原本集註 周易' 첫 장은 하도낙서와 그 아래에 '朱熹集錄(주희집록)'이라 하여 계사전(繫辭傳)내용일부가 보인다. 그 다음 연결되는 것이 복희 및 문왕팔괘차서(伏羲·文王八卦次序)와 팔괘방위(八卦方位)가 전부다. 이것은 지금 서점에서 도서명이 주역이라는 책도 이 범주를 벗어나지 못하고 있다.

　　주역은 우주변화의 원리로부터 나(I)를 알기위한 학문이라 할 수 있다. 한강의 발원지가 검룡소(儉龍沼)이고 낙동강은 황지(潢池)로부터 시작되는 것처럼 주역은 하도낙서로부터 시작 된다. 따라서 하도낙서를 모르고 주역을 이해한다는 것은 가감승제셈법도 서툴며 미분과 적분법을 풀겠다는 것과 같다.

　　필자가 처음부터 하도낙서 강해를 쓰겠다고 마음먹은 것은 아니다. 그러나 어떤 계기가 되어 여기까지 온 것은 사실이다. 군(軍)에서 오랫동안 정훈

장교로 장병들에게 정신교육을 담당하다가 전역 후 제일먼저 찾아간 곳이 가나안 농군학교다. 그 때 나이 40이고 지금부터 32년 전이다.

 40과 32를 수리로 풀어보니 4와5이다. 이는 1, 2, 3, 4, 5, 6, 7, 8에서 4와 5로 복희선천팔괘수리의 중심선이기도 하다. 그 때 강의 제목이 '공평한 삶'이었다. 사람의 열손가락수를 그려보니 이러했다.

    -5 -4 -3 -2 -1 0 1 2 3 4 5

 배꼽을 '0'으로 했을 때 왼쪽과 오른쪽 음수(陰數)와 양수(陽數)로 다섯이다. 소신을 가지고 강의를 했지만 나보다 사회 경험과 나이가 많은 사람들에게 얼마나 설득력이 있었겠는가. 그래서 스스로 1년을 채우지 않고 강단에서 내려와 그동안의 이력(履歷)은 몇 장을 쓸 수 있다. 지금 필자를 만나는 사람마다 회장님으로부터 사장님이라 부르는 사람이 있는가 하면 교수님·작가님·선생님이라는 호칭으로 알 수 있다.

 이런 과정을 거친 이유는 '하나(1)'를 알기 위해서였다. 다른 것은 몰라도 하나만큼은 바로 알자. 하나를 모르면서 어떻게 둘을 알고 셋을 알겠는가. 그래서 오직 하나를 알기 위하여 성균관에 가서 공부도 해보고 천부경을 알기 위하여 어느 유명 스님을 찾아가기도 했다. 그러는 과정에서 어느 날 구구표 81방이 보이고 하도낙서가 보였다. 그로부터 10여년을 하도낙서에 미쳐서

수리(數理)를 썼다. 우스갯소리로 처음에는 하나(1)에 미치다가 나중에는 하도낙서를 하다 보니 하도낙서(河圖洛書)가 보였다.

지금까지 하도(河圖)에서 하나(○)는 '○'과 짝을 이루는 '●●●●●●'을 1·6水(수)로만 생각해 왔다. 그러나 하나가 또 있다. 하도낙서 중앙에서 '十' 자를 이루는 가운데 점(○)이다. 그것이 바로 사람으로 말하면 배꼽이다. 점(○)하나로부터 시작하여 점 둘(●●)·점 셋(○○○)·점 넷(●●●●)·점 다섯이다. 그런데 그 점 다섯은 '○○○○○'이 아닌 배꼽(○)을 중심으로 네 개의 점이다. 또한 1, 2, 3, 4, 5, 6, 7, 8, 9, 10으로 모두 55개의 점이다.

하나하나가 모여서 55가 된 것이다. 우주 로켓을 이루는 부품이 15만개라 하는데 그중에서 작은 부품 하나라도 어긋나면 큰 사고가 나거나 발사가 실패를 할 수 있다.

15만은 150,000으로 149,999에 1(하나)를 더한 수이다. 여기서 1은 '나(I)'다. 즉, 모든 것은 하나(I=1)로부터 시작 되며 내(i)가 중심이 되는 것이다. 15만개의 부품으로 이루어진 큰 우주 로켓 하나(I=大我)에 작은 나하나(i=小我)란 뜻이다.

나는 누구이며 어디서 와서 어디로 가는가. 모든 답이 하도낙서에 있으니 나머지를 찾는 것은 각자의 몫으로 남겨놓고 여기서 마무리를 짓는다.

연구논문
구구표란 무엇인가

Ⅰ. 머리말

인터넷에 '구구표'나 '하도낙서'를 검색하면 필자의 글이 상위를 차지하고 있다. 구구표하면 간단한 용어정리에 불과했던 것을 여러 매체를 통하여 알린 결과로 이제는 구구표가 지금까지 생각해온 그런 구구표가 아니라는 것을 아는 사람은 알고 있다. 이모든 것이 그냥 하루아침에 이루어진 것은 아니다. 이쯤이면 제 정리를 해야 될 것 같아서 이 글을 쓴다.

그동안 구구표하면 곱셈과 나눗셈에만 쓰이는 줄만 알았지 이것이 주역(周易)의 근간을 이루는 하도낙서(河圖洛書)와 어떤 관계가 있는가는 생각하지 않았다. 우리나라는 이미 신라시대부터 일부 지식층에서는 하도낙서를 알고 있었다는 증거가 있는데 처용가(處容歌)도 그 중에서 하나다. 8구체로 쓰인 신라 향가(新羅鄕歌)인 처용가(處容歌)는 삼국유사 '처용랑(處容郎)과 망해사(望海寺)'에서 나온다.

'동해의 용은 기뻐하여 아들 일곱을 데리고 왕의 앞에 나타나 왕의 덕을 찬양하며 춤을 추고 음악을 연주했다. 그 중에 한 아들이 왕을 따라 서울로 가서 왕의 정사를 도왔는데 그의 이름을 처용(處容)이라 했다'

삼국유사는 용(龍)이란 단어를 여러 곳에서 볼 수 있는데 용은 십이지동물에서 진(辰)으로 수리(數理)는 5다. 아들 일곱은 수리7이고 십이지에서 오(午)이며 말이니 5와 7은 용마(龍馬)로 볼 수 있다. 이를 뒷받침 해주는 것이 또 있다. 전서체(篆書體)로 쓴 옛 비석을 보고, 81자로 번역했다는 고운 최치원 역시 신라인이며, 천부경에서 가장 해석이 어려운 부분이 '運三四成環五七(운삼사성환오칠)'이다.

지금 50대 이상은 교실 청소를 할 때 양초나 들기름 바른 나무 바닥을 마른 걸레로 닦으면서 이이는 사(2×2=4), 이 삼은 육(2×3=6)소리를 내며 구구법을 외웠다. 이는 조선 후기의 문신 최석정(崔錫鼎)의 구수략(九數略)에도 구구표가 나오고 구구합수구결(九九合數口訣)에 일일은 일(1×1=1) 이이는 사(2×2=4) 등으로 구구는 팔십일(9×9=81)까지 구구표의 노래 형식으로 나온다. 구수략 에서는 1단부터 가르쳤는데 1단은 너무 쉬워서 2단부터 가르쳤기 때문에 처음부터 구구표를 암기하기에 급급했지 본질이 빠진 절름발이 교육을 받았던 것이다.

구구법은 곱셈을 할 때 기본이 되지만 나눗셈도 구구법을 알 면 쉽게 할 수 있다. 필자가 확인해보니 초등학교 1학년 학생이 19단을 외우고 있었다. 다만 9단 까지 외우고 11에서 18단을 뺀 19단이다. 왜 초등학교 1학년이 19단을 암기하고 있을까. 계산기 하나면 모든 셈은 끝나는 데 아직도 60년 전의 구구단 암기에서 벗어나지 못하고 있으니 이제부터라도 구구표를 제대로 알아야 겠다.

Ⅱ. 하도낙서와 구구표

1. 구구표의 뜻

우리말 큰 사전에 구구표(九九表)는 이렇다.
'구구법의 공식을 차례대로 적은 표'
구구법(九九法)은 셈에 쓰이는 기초공식으로 하나에서 아홉까지의 각 수로, 두 수끼리 서로 곱하여 되는 곱을 나타낸다. (그림1)은 현재 우리가 사용하고 있는 구구표이다.

1	2	3	4	5	6	7	8	9
2	4	6	8	10	12	14	16	18
3	6	9	12	15	18	21	24	27
4	8	12	16	20	24	28	32	36
5	10	15	20	25	30	35	40	45
6	12	18	24	30	36	42	48	54
7	14	21	28	35	42	49	56	63
8	16	24	32	40	48	56	64	72
9	18	27	36	45	54	63	72	81

(그림1)

구구표는 (그림1)과 같이 9×9=81방(方:□)에 1, 2, 3, 4, 5, 6, 7, 8, 9 낙서 (洛書)아홉수 1단이 피승수(被乘數)가 되고 여기에 1, 2, 3, 4, 5, 6, 7, 8, 9 아홉수가 승수(乘數)가 된 곱셈을 순서대로 나열 한 것이다(피승수×승수=곱).

　(그림1)의 고딕글자 1, 4, 9, 16, 25, 36, 49, 64, 81아홉4각수는 중심수가 되어 좌우(左右) 같은 수끼리 대칭이 되기 때문에 중심수로부터 좌우측 어느 한쪽 사용이 가능하다. 따라서 구구표는 1, 2, 3, 4, 5, 6, 7, 8, 9 낙서아홉수를 피승수와 승수의 곱으로 하여 9×9=81이기 때문에 구구표라 한 것이다.

　서점에서 나와 있는 수학책을 접하다 보면 구구법을 일부 귀족사회에서 독점하기 위하여 어렵게 구구 팔십일(9×9=81)부터 암송 했다는 글을 볼 수 있다. 이것은 하나의 속설일 뿐이다. 지금 까지 나와 있는 대성괘(大成卦=64괘)의 조견표(早見表)나 소성괘(小成卦=八卦)에서 천지인(天地人)삼재(三才)의 생성(生成)과 현상의 변화 순서 등을 이해하면 왜 구구표가 9단부터 기록된 그 이유를 알 수 있다.

　구구표는 원래부터 2단이 아닌 1단부터 암송을 해왔는데 언제부터 인가 1단을 빼놓고 2단부터 가르쳤다. 처음 수 하나(1)가 빠진 2가 어디 있는가. 구구표81방에 담긴 뜻도 모르고 암송에만 급급하다 보니 이렇게 된 것이다. 초등학교 1학년 교실에 19단표가 벽에 붙어있는 것을 볼 수 있다. 지금이 어느 시대인데 공연히 쓸데없는 것을 가지고 아이들 고생시키는 구나 하는 생각이 든다.

　인터넷검색을 하면 2011년 백제 사비성터인 충청남도 부여읍에서 한반도 최초의 구구단이 적힌 백제시대 목간(木簡·종이가 발명되기 전 문자 기록을 위해 사용하던 나무 판재)을 발견했다는 기사를 볼 수 있다.

천4백 년 전에 백제인 들이 구구단을 적어 사용했다는 목간은 길이 30.1cm, 너비 5.5cm, 두께 1.4cm로 소나무를 얇게 가공한 판재 형태라 한다. 한쪽 면에서만 붓글씨로 '三(삼)四(사)十二(십이)' 등의 구구단 공식을 9단을 가장 상단으로 하여 배치했다.

이 글을 쓰기 위하여 인터넷에 '구구법은 언제부터 사용했나'를 검색 했더니 맨 위에 뜨는 것이 필자의 글이었다. 그래서 이 번에는 인터넷으로 질문을 했더니 친절하게 이렇게 문자로 답이 왔다.

'구구법은 중국에서 만들어졌다고 하는데 2000여 년 전 중국 한나라 시대에 이미 구구단을 사용했다고 합니다. 1299년에 중국 원나라 주세걸이 지은 산학계몽(算學啟蒙)이라는 고대 수학책에는 석구수법(釋九數法)이라는 내용이 나오는데 석구수법은 오늘날의 구굿셈을 말합니다'

구구법을 알려면 구구법의 1단이 무엇인가부터 알아야한다. 1, 2, 3, 4, 5, 6, 7, 8, 9가 1단이다. 그 1단이 바로 낙서수(洛書數)이다. 이 말은 낙서가 나오면서부터 구구법이 만들어졌다는 뜻이다. 그 때는 9×9=81이 아닌 九九라는 한문숫자로 썼다.

2. 문헌에 나오는 구구법

문헌으로 보았을 때 구구법은 황제내경(黃帝內經)에서도 나오니 아주 오래전 문자가 나오면 서 부터 사용 했다는 것을 알 수 있다.

● 영추경(靈樞經)과 소문(素問)은 황제내경(黃帝內經) 靈樞와 素問이란 책명으로 서점에서 볼 수 있는데 영추경과 소문은 황제내경의 두 부분이다. 영추(靈樞)와 소문(素問)은 춘추(春秋)시기를 전후하여 형성된 것으로 진(晉)나라 때 완성되고 한(漢)나라 때 보충 되었다.

● 황제는 상고(上古)시대 전설상의 인물로 중원(中原)에 있던 황제족의 수령(首領)이었으며 기백(岐伯)은 전설상의 의사로 황제의 신하이다. 다음은 황제내경소문에 나오는 내용이다.

'黃帝問曰(황제문왈) 余聞天以六六之節(여문천이육육지절)
以成一歲(이성일세) 人以九九制會(인이구구제회)'
풀이 : 黃帝가 물었다.(岐伯의 답) 하늘은 60甲子의 여섯 번으로 1년을 만들고(六六之節:60×6=360日) 사람은 九九法으로 모이는 것을 통제한다고 합니다(九九制會).

● 다음은 황제내경의 방중술(房中術)로 알려진 소녀경(素女經)에 나오는 구구법으로 황제질문에 소녀의 답변 내용이다.

'淺刺琴絃(천자금현) 入三寸半當閉口刺之(입삼치반당폐구자지)

一二三四五六七 八九因深之(일이삼사오육칠팔구인심지)
崑石旁往來(곤석방왕래) 口當婦人口而吸氣(구당부인구이흡기)
行九九之道(행구구지도) 訖乃如此(흘내여차)'

풀이 : 음핵(陰核)을 간질간질하게 하고(淺刺琴絃) 세치 반을 질 안으로 밀어 넣어 하나,둘,셋,넷,다섯,여섯,일곱,여덟,아홉까지 세는 여유를 가진 뒤 다시 안으로 깊게 곤석(崑石:大前庭腺=바르톨린선)의 곁까지 이르도록 하여 상하 운동을 한다. 이 때 남자의 입을 부인의 입에 대고 기를 흡수하고 81(9×9)번의 상하 운동을 마치면 교합이 끝난다.

九九	九八	九七	九六	九五	九四	九三	九二	九一
八九	八八	八七	八六	八五	八四	八三	八二	八一
七九	七八	七七	七六	七五	七四	七三	七二	七一
六九	六八	六七	六六	六五	六四	六三	六二	六一
五九	五八	五七	五六	五五	五四	五三	五二	五一
四九	四八	四七	四六	四五	四四	四三	四二	四一
三九	三八	三七	三六	三五	三四	三三	三二	三一
二九	二八	二七	二六	二五	二四	二三	二二	二一
一九	一八	一七	一六	一五	一四	一三	一二	一一

(그림1)

성리대전(性理大全)은 명나라 성조(成祖:永樂帝)의 지시로 호광(胡廣)등 42명의 학자가 송나라 때 성리학설을 집대성 편집하여 1415년에 완성된 책이다. 기록에 의하면 우리나라는 1419년(세종1)에 '사서오경대전'과 함께 명나라로부터 성리대전이 처음 들어왔다고 한다. (그림1)은 성리대전에서 발췌한 구구방수도(九九方數圖)라는 구구표이다.

(그림1)은 현재 우리가 사용하고 있는 구구표와는 $1 \times 1=1$과 $9 \times 9=81$자리가 바뀌어 9단부터 시작되었다. (그림2)는 64괘(=大成卦)수리표(數理表)이다.

☷ (8)	☶ (7)	☵ (6)	☴ (5)	☳ (4)	☲ (3)	☱ (2)	☰ (1)	외괘 / 내괘
88	78	68	58	48	38	28	18	☷ (8)
87	77	67	57	47	37	27	17	☶ (7)
86	76	66	56	46	36	26	16	☵ (6)
85	75	65	55	45	35	25	15	☴ (5)
84	74	64	54	44	34	24	14	☳ (4)
83	73	63	53	43	33	23	13	☲ (3)
82	72	62	52	42	32	22	12	☱ (2)
81	71	61	51	41	31	21	11	☰ (1)

(그림2)

(그림1)에서 'ㄱ'자 17방(方:□)은 1단이며 (그림2)의 'ㄱ'자 팔괘(八卦)의 내괘(內卦)와 외괘(外卦) 17방과 같다. (그림1)과 (그림2)에서 각각 이를 빼면 64(8×8)방이 남는다. 그 64방을 비교하면 88(八八)로부터 77, 66, 55, 44, 33, 22, 11 여덟 수 중심으로 좌우 역수(逆數)대칭이다. 즉, 현재우리가 사용하고 있는 구구표 1×1로부터 9×9까지 곱셈은 같은 수가 대칭을 이루고 있지만 (그림1)과 (그림2)와 같이 피승수와 승수로 나타낼 때는 역수 대칭이라는 것을 알 수 있다. (그림1)에서 8단일 경우는89(8×9=72)로부터 88(8×8=64),87(8×7=56),86(8×6=48),85(8×5=40),84(8×4=32),83(8×3=24),82(8×2=16),81(8×1=8)이다.

그러나 (그림2)에서 같은 자리에 있는 64괘 수리(數理)는 88, 78, 68, 58, 48, 38, 28, 18이지만 두 자연수를 곱하면 곱셈의 기본 공식인 교환의 법칙 ab=ba에 의하여 셈은 같다. 즉, (그림2)의 88, 78, 68, 58, 48, 38, 28, 18도 8단이다.

과거에 구구법을 일부 귀족사회에서 독점하기 위하여 어렵게 구구 팔십일(9×9=81)부터 암송했다는 것은 (그림1)과 같은 구구방수도와 같은 것을 보고 오해를 한 것이라는 것을 알 수 있다. (그림3)은 구수략(九數略)에 나오는 구구모수명도(九九母數名圖)를 (그림1)과 같이 한문숫자로 된 것을 구구표로 바꾼 것이다. 즉,81은 (九·九=9×9)이고 1은 (一·一 = 1×1)이다.

(그림3)은 1단부터 시작 되었으나 처음 수 1(1×1)과 81(9×9)이 현재 우리가 사용하는 구구표와 자리가 바뀌었다. 그렇다고 하여 잘못된 것은 아니다.

9	8	7	6	5	4	3	2	1
18	16	14	12	10	8	6	4	2
27	24	21	18	15	12	9	6	3
36	32	28	24	20	16	12	8	4
45	40	35	30	25	20	15	10	5
54	48	42	36	30	24	18	12	6
63	56	49	42	35	28	21	14	7
72	64	56	48	40	32	24	16	8
81	72	63	54	45	36	27	18	9

〈그림3〉

3. 구구표81方

구구표81방에 나오는 수는 1, 2, 3, 4, 5, 6, 7, 8, 9, 10, 12, 14, 15, 16, 18, 20…72, 81등 총 36수이며 45수가 빠졌다(81-36=45).

(그림1)은 구구표81방에 1, 2, 3, 4, 5, 6, 7, 8, 9, 10으로부터 81까지 순서대로 대입을 했을 때 구구표에 나오는 36수가 어느 자리에 있는가를 나타낸 것이다. 괄호숫자는 구구표에 나오는 36수의 횟수이다. 예를 들어 '1(1)'은 구구표에 1이 1회 나온다는 뜻이다.

1(1)	2(2)	3(2)	4(3)	5(2)	6(4)	7(2)	8(4)	9(3)
10(2)		12(4)		14(2)	15(2)	16(3)		18(4)
	20(2)	21(2)			24(4)	25(1)		27(2)
28(2)		30(2)		32(2)			35(2)	36(3)
			40(2)		42(2)			45(2)
			48(2)	49(1)				54(2)
	56(2)							63(2)
64(1)								72(2)
								81(1)

(그림1)

(그림1)의 외곽사각형(□) 상단(上段) 'ㄱ'자로 1, 2, 3, 4, 5, 6, 7, 8, 9와 18, 27, 36, 45, 54, 63, 72, 81은 구구표에서 1단과 9단의 자리와 같다.

1, 2, 3, 4, 5, 6, 7, 8, 9에서 여덟째 8로부터 8단 8, 16, 24, 32, 40, 48, 56, 64 여덟 수가 64방(方:8×8)의 대각선으로 중심수를 이루고 있으며 72(9×8)와 마주보고 있다.

　1, 2, 3, 4, 5, 6, 7, 8, 9에서 1, 2, 3, 4, 5, 6, 7, 8 여덟 수가 8단 8, 16, 24, 32, 40, 48, 56, 64 여덟 수와 (그림1)의 외곽사각형 'ㄱ'자를 연결하여 화살표(╱)를 그리고 있다. 8, 16, 24, 32, 40, 48, 56, 64 여덟 수를 40을 기준으로 하여 1자리만 옮기면 다음과 같다.

$$8 \quad 6 \quad 4 \quad 2 \quad 0 \quad 8 \quad 6 \quad \overleftarrow{4}$$

　화살표방향(←)으로 4, 6, 8, 0, 2, 4, 6, 8로 2, 4, 6, 8짝수(=地數)를 이룬다.

　다음은 8단 두 자리수를 1자리로 바꾸어 본다(두 자리 수를 한자리수로 바꿀 때는 한자리가 나 올 때 까지 더하기를 한다. 예를 들어 64는 6+4=10 → 1+0=1. 56은 5+6=11 →1+1=2. 따라서 8단 8, 16, 24, 32, 40, 48, 56, 64 여덟 수 다음과 같다.

$$8 \quad 7 \quad 6 \quad 5 \quad 4 \quad 3 \quad 2 \quad \overleftarrow{1}$$

　(그림1)에서 8단 8, 16, 24, 32, 40, 48, 56, 64 여덟 수 대각선 아래로 25, 35, 42, 49 네(4) 수가 보인다. 여기서 25는 구구표에서 중심 수(5×5)이고 35, 42, 49는 7단이다(7×5,7×6,7×7).

　8은 '∞'로 돌고, 8×8=64이다. 64는 6+4=10이며 10을 1자리로 바꾸면 1이다(1+0=1).그 다음에 오는 수9는 81(9×9)이다. 10은 내공(=내分數)으로 내(I=1)몫(○)을 다 하다가 81에 이르면 내가(1)가 왔던 곳으로 다시 돌아간다.

가. 36과45수

(그림1)에서 'ㄱ'자로 1단 1, 2, 3, 4, 5, 6, 7, 8, 9와 9단 18, 27, 36, 45, 54, 63, 72, 81의 합이 17수이다.

17수는 81방의 1, 3, 5, 7, 9, 11, 13, 15, 17피라미드 아홉수에서 삼각형 빗변에 해당되는 수이다. 따라서 구구표81방에 나오는 수는 36수이니 36-17=19수가 'ㄱ'자안에 있다.

(그림2)는 구구표25방에 복희선천팔괘 방위도(伏羲先天八卦方位圖)를 대입한 것이다.

		☰ ①		
	☱ ②		☴ ⑤	
☲ ③				☵ ⑥
	☳ ④		☶ ⑦	
		☷ ⑧		

(그림2)

(그림2)를 十자와 ×자로 서로 마주보고 있는 팔괘의 수리(數理)를 더하

기를 하면 9가 되고 마주보기 있는 팔괘의 효(爻)획수 역시 9가 된다. 예를 들어 수리1 건(乾:☰)과 수리8 곤(坤:☷)이 ＋자로 마주보고 있는데 수리 1+8=9이며, '☰'은 3획 '☷'은 6획으로 3+6=9이다(陽爻'━'은 1획,陰爻'╍' 은 2획이다). 따라서 (그림2)의 팔괘는 ＋자와 ×자로 마주하고 있는 수리가 4×9=36이며 획수 역시 4×9=36이다. 그 36이 구구표 81방에 들어가 있는 36수이다.

45는 1, 2, 3, 4, 5, 6, 7, 8, 9 구구표 1단(=洛書數)의 합이며 4+5=9이다. 36역시 3+6=9이며 36+45=81로 역시 8+1=9이다. (그림3)은 45단 피라미드이다.

① 45=45
② 45+45=90
③ 45+45+45=135
④ 45+45+45+45=180
⑤ 45+45+45+45+45=225
⑥ 45+45+45+45+45+45=270
⑦ 45+45+45+45+45+45+45=315
⑧ 45+45+45+45+45+45+45+45=360
⑨ 45+45+45+45+45+45+45+45+45=405

(그림3)

45단의 45×8=360이다. 한 점에서 360도는 원점으로 돌아온다. 8자는 중심점으로 두 개의 원이 돌고 있는 모습이다. (그림4)는 9단 18, 27, 36, 45, 54, 63, 72, 81 여덟수를 십 자리를 위에 1자리를 아래에 위치하여 늘어놓은 것이다. (그림4)를 위·아래로 읽으면 18, 27, 36, 45, 54, 63, 72, 81이며 'ㅣ' 은 중심선이다. 중심선 역시 45의 4와 5가 역수대칭이다.

(그림4)

(그림4)의 화살표①·②는 1, 2, 3, 4, 5, 6, 7, 8 여덟 수가 원(圓)을 그리고 중심선(ㅣ) 좌우(左右)로 역시 1, 2, 3, 4, 5, 6, 7, 8이 중심선으로 8자로 돌고 있다.

45단의 45×45=2025이다. 2025는 구구표에 나오는 모든 정수를 더하기를 한 수이며 81×25역시 2025이다. 81은 9×9이며 25는 5×5이며 구구표 81방의 중심수이다.

1에서 81까지를 더하기를 하면 3321수이다. 2025를 1자리로 바꾸면 9이고 3321역시 9이다.

1에서 20까지 구구표에서 빠진 수가 소수(素數) 11, 13, 17, 19 넷이다.

4. 구구표에서 하나

구구표81방은 (그림1)과 같이 'ㄱ'과 'ㄴ'자로 1단 아홉수와 9단 여덟 수의 합(合) 17수 가 큰 방을 이루고 있다(9+8=17). 구구표는 1, 4, 9, 16, 25, 36, 49, 64, 81 아홉 중심4각수를 좌우로 같은 수가 대칭을 이룬다. 1, 4, 9, 16, 25, 36, 49, 64, 81 아홉수도 1, 2, 3, 4, 5, 6, 7, 8, 9의 제곱수이다.

1	2	3	4	5	6	7	8	9
2	4							1₈
3		9						2₇
4			16					3₆
5				25				4₅
6					36			5₄
7						49		6₃
8							64	7₂
9	1₈	2₇	3₆	4₅	5₄	6₃	7₂	81

(그림1)

(그림1)에서 1단 1, 2, 3, 4, 5, 6, 7, 8, 9가 9단 십 자리(고딕숫자) 역시 1, 2, 3, 4, 5, 6, 7, 8로 'ㄱ'과 'ㄴ'자로 9×9=81에서 만난다.

(그림2)는 (그림1)의 1, 4, 9, 16, 25, 36, 63, 49, 64, 81 중심수 좌측 부

분의 방(方:□)의 수를 1로 대입한 피라미드이며 괄호숫자 ①에서⑨까지는 방(□)의 숫자이다.

1								①
1	1							②
1	1	1						③
1	1	1	1					④
1	1	1	1	1				⑤
1	1	1	1	1	1			⑥
1	1	1	1	1	1	1		⑦
1	1	1	1	1	1	1	1	⑧
1	1	1	1	1	1	1	1	1⑨

(그림2)

(그림1)의 큰 방(□)을 이루는 'ㄱ'과 'ㄴ'에서 9단 18, 27, 36, 45, 54, 63, 72, 81의 첫 자리수(1자리) 1, 2, 3, 4, 5, 6, 7, 8이 1단인 9로 모이고, 첫 자리(1자리)와 십 자리 1, 2, 3, 4, 5, 6, 7, 8이 원(圓)을 그리고 있다.

1, 2, 3, 4, 5, 6, 7, 8, 9와 'ㄱ'자를 이루는 18, 27, 36, 45, 54, 63, 72, 81의 십 자리 고딕숫자를 위에서 아래로 읽으면(↓) 1, 2, 3, 4, 5, 6, 7, 8이고 1자리를 거꾸로(↑) 읽으면 1, 2, 3, 4, 5, 6, 7, 8로 동그라미가 된다.

(그림1)에서 1은 처음 수이다. 1다음에 오는 둘(2)은 하나(1)에 하나(1)를 더한 수(1+1)이고, 셋(3)은 둘(2)에다 하나(1)를 더한 수이다(2+1=3).

넷(4)은 셋(3)에 하나(1)를 더한 수이고, 다섯(5)은 넷(4)에 하나(1)를 더한 수이다. 이것을 그림으로 나타낸 것이 (그림2)이다. (그림2)에서 직각삼각형(△) 밑변에 해당되는 아홉(9)은 여덟(8)에 하나(1)를 더한 수이다.

구구표의 처음 수는 자연수(自然數)로 1이다. 따라서 구구표에 나오는 수는 양(陽)의 정수이기 때문에 '0'이 없다(10은 0이 아니다).

'0'은 구구표81방 밖에 있으며 공(空:○)의 세계로 이해를 하면 된다. 정수(여기서는 양의 정수를 의미한다)는 여덟에 하나를 더 하여 아홉이 된 것과 같이 둘 이상의 모든 정수는 하나를 더하여 이루어진 수이다. 아홉은 여덟에 하나를 더한 수이지만 (그림2)와 같이 하나하나의 집합으로 아홉이다.

구구표81의 '큰방'이 대방(大方)이라면, 81방의 하나 하나는 작은 방(小方)이다. 대방의 하나는 '한나'이고, 작은 방의 하나는 '하나'이다. '한나'의 '한'은 '크다(大)'이니 '큰나(大我:I)'이고, (그림2)의 하나하나는 '작은 나'로 소아(小我;i)가 된다.

큰방은 네모(□)로 땅(地)이며, 작은 방의 네모는 밭(田)이다. (그림1)의 2×2=4가 '田'으로 노동을 의미한다. (그림2)는 큰 네모 안에 하나(1)가 모여 세모(△)가 되었다. 세모는 사람이다.

5. 구구표의 중심수25

(그림1)의 25는 구구표81방의 중심수이다.

1	2	3	4	5	6	7	8	9
2	4							18
3		9						27
4			16					36
5				**25**				45
6								54
7								63
8								72
9	18	27	36	45	54	63	72	81

(그림1)

우주는 약 140억 년 전쯤 점 하나로 시작되었다. 기하학(幾何學) 역시 점 하나로부터 시작된다. 점은 위치만 있고 크기가 없다. 우주의 시작점 역시 크기를 알 수 없다. 점이 모여 선(線)이란 길이는 있지만 폭은 없다.

원(圓)은 한 점으로부터 같은 거리에 있는 점의 모임이다. 처음의 한 점을 중심이라 하고 중심과 원 위의 한 점을 이은 선분을 반지름이라 한다. 한 원에서 지름은 반지름의 2배이며 반지름은 수없이 나온다. 이것은 기하학에서 말하는 중심이다.

중국 고대의 우주관(宇宙觀)인 천원지방(天圓地方)은 수학용어 원(圓)과는 구분되지만 하늘은 둥글고 땅은 네모라고 생각했다. 구구표81방 네모 안에 동그라미가 있고 세모가 있으며 중심수가 있다. (그림1)에서 구구표81방의 중심수는 25이고, 4는 9(3×3)방에서 중심수, 9는 25(5×5)방에서 중심수이며, 16은 49(7×7)방의 중심수이다. (그림2)는 1, 2, 3순으로 평면에 나열 했을 때 2에서 10까지 중심수이다(앞에 첫째1은 뺐다).

중심수	2	3	4	5	6	7	8	9	10
홀 수	3	5	7	9	11	13	15	17	19
합	5	8	11	14	17	20	23	26	29
증가수	0	3	3	3	3	3	3	3	3

(그림2)

중심수는 홀수에서만 이루어지기 때문에 1,2,3에서 1을 첫째 중심수로 시작하여 둘째중심수는 2가 된다. 셋째 중심수는 1, 2, 3, 4, 5에서 3이다. 1에서7까지 넷째 중심수는 4이며,1에서 9까지 중심수 5는 다섯째 중심수이다. (그림2)를 보면 1, 2, 3의 중심수는 2이며 중심수 2+홀수3=5가 되어 증가수는 없다(0).

여기서 2와 3은 주역(周易)에서 삼천양지(參天兩地)로 수(數)의 시원(始原)이다. 이와 같은 방법으로 앞에서부터 중심수와 홀수의 합이 3씩 증가되는 모습을 볼 수 있다.

(그림2)의 합이 되는 5, 8, 11, 14, 17, 20, 23, 26, 29를 모두 1자리로 바

꾸면 5, 8, 2, 5, 8, 2, 5, 8, 2로 5, 8, 2순열이다. 앞에 1, 2, 3의 중심수 2를 붙이면 2·5·8천수삼합(天數三合)순열이다.

구구표에서 1은 처음수가 되는데 이것이 '나(=I)'이기도 하다. 현존(現存)하는 나란 뜻이다. 그렇기 때문에 영어 알파벳의 제9자 'I'는 로마 숫자 1이며 제1인칭 단수 주격 '나는'이다.

아라비아 숫자 1은 2, 3, 4, 5, 6, 7, 8, 9와 글자모양이 다른 점은 바르게 서있다는 것이다. 1을 'l'으로 써도 1로 읽지만 2, 3, 4, 5, 6, 7, 8, 9는 아무리 변형을 해도 1의 모습은 아니다.

내가 존재 했을 때 시작은 나(1)로 부터다. 내가 살아있을 때 주인공은 나(I)이며 모든 것은 '나'로부터 시작된다는 뜻이다. 구구표81의 큰 방이 땅(地球)이라면 그 방안에 있는 내방이 내 자리이며 내 몫이다. 이것을 수로 나타낸 것이 10이며 25가 중심수이다.

25는 5×5이며 99(81)중심에 있다. 5×5에서 곱셈기호(×)를 점(○)으로 바꾸면 5○5이다. 좌우로 0을 중심으로 음과 양이 다섯(5)씩 나누어졌다. 그래서 인간의 행복과 불행은 반반(半半)으로 누구나 공평하다.
25는 2×5=10이고 2+5=7이며 2·5·8 천수삼합을 이룬다. 그리고 또 있다. 대성괘(大成卦=64卦)에서 중정(中正)이다.

※ 참고 : 중심수 n공식은 ½(n+1)이다. 조건은 n이 홀수일 때이다.
짝수일 경우는 중심선(中心線)이다. 네 자리 수 이상의 어떤 수가 같은 수로 역으로 돌때는 중심선을 기준으로 하여 좌우로 같은 수가 8자로 돈다.
다음은 그 예가 된다.

(그림1)　　　　　　　　　　　　(그림2)

　(그림1)은 1 2 3 4 같은 수가 위·아래 역(逆)으로 1, 2, 3, 4의 큰 동그라미 안에서 중심선 좌·우로 1, 2, 3, 4가 서로 다른 방향으로 8자로 돌고 있다. (그림2)는 4, 8, 3, 7, 2, 6, 1, 5 여덟 자리 수가 역시 큰 동그라미 안에서 중심선 좌우로 같은 수가 8자로 돌고 있다.

6. 10

1, 2, 3, 4, 5, 6, 7, 8, 9, 10은 하도수(河圖數)이다.

하도수에서 10을 뺀 1, 2, 3, 4, 5, 6, 7, 8, 9가 낙서수(洛書數)로 구구표 81방을 이룬다(9×9). 구구표에서1은 단 한 번 나오지만 2, 3, 4, 5, 6, 7, 8, 9, 10은 두 번 이상 나오는데 10의 자리는 (그림1)과 같다. (그림1)은 구구표 1단과 2단이다. (그림1)에서 1단과 2단은 5와 10이 중심수가 된다. 5와 10은 하도(河圖) 오행(五行)에서 흙(土)이다.

1	2	3	4	5	6	7	8	9
2	4	6	8	10	12	14	16	18

(그림1)

하도(河圖) 열(10)수는 1, 2, 3, 4, 5가 2단 2, 4, 6, 8, 10자리에 6, 7, 8, 9, 10이 순서대로 짝을 이루어 55점(○·●)이다. (그림2)는 2단을 1자리수로 바꾼 것이다. 십 자리(두 자리)를 1자리로 바꾸는 방법은 1자리가 나올 때 까지 더하기를 한다. 이렇게 하여 마지막에 나온 1자리수를 자릿수 근이라 한다. 10은 1+0=1이며 12는 1+2=3으로 자릿수 근은 각각 1과3이다.

2 4 6 8 1 3 5 7 9

(그림2)

(그림2)는 1이 중심수가 되어 좌·우로 2, 4, 6, 8 음수와 3, 5, 7, 9양수로 나누어졌다. (그림3)은 구구표에서 5와 10이 중심수가 되어 만나는 좌측 부

분이다. 이렇게 하여 1단과 2단은 위·아래 더하기를 하면 자릿수 근은 3·6·9 순열(順列)이다.

```
           1  2  3  4  5
           2  4  6  8  10
자릿수 근   3  6  9  3  6
```
(그림3)

국어사전에는 열(10)을 이렇게 풀이하고 있다. 열(10)은 아홉에 하나를 더한 수(數:9+1)이며 십(十)이다.

수학사 연표에 의하면 '0'은 876년경 인도에서 제로(zero) 기호 '○'을 사용했을 때부터 이용 했다는 기록이 있다. 따라서 아라비아 숫자가 사용 된 순서대로 나열을 하면 이렇다.

1, 2, 3, 4, 5, 6, 7, 8, 9, 0

1(일)이 처음 수이니 2·3·4····9와 마찬가지로 10은 9+1이다. 그러나 10은 1+9뿐만이 아니라 2+8도 10이고, 3+7도 10이며, 4+6도 10이고. 5+5도 10이다. 그것뿐인가?

1과 0을 그대로 결합해도 10이다. 이것을 그리면 (그림4)가 되는데 1에서 9까지 같은 자연수끼리 중복 되지 않고 더하기를 하면 10이 된다.

```
  →
  1  2  3  4  5  6  7  8  9
  9  8  7  6  5  4  3  2  1
                          ←
```
(그림4)

(그림4)는 위·아래로 1단이 역순으로 돌고 있는 것이며 여기서 위·아래 9

를 빼고 한 자리씩 이동 한 것이 (그림5)이다.

→
1 2 3 4 5 6 7 8
8 7 6 5 4 3 2 1
　　　　　　　　←
(그림5)

(그림5)를 위·아래 자연수를 더하기를 하면 9가 되지만 결합은 18, 27, 36, 45, 54, 63, 72, 81로 9단이다.

1에서 9까지 같은 자연수가 중복 되어 더하기를 하면 10이 되는 것이 또 있다. (그림6)은 문왕후천팔괘도(文王後天八卦圖)를 구구표25방에 대입 한 것으로 괄호숫자는 해당 괘(卦)의 수리(數理)이다.

	☷ ⑨		
☴ ④		☷ ②	
☳ ③	5 中		☱ ⑦
	☶ ⑧	☰ ⑥	
	☵ ①		

(그림6)

(그림6)은 '十'자와 '×'자로 더하기를 하여 5중토(中土)를 빼면 10이다. 1, 3, 7, 9홀수(=天數)가 마름모(◇)로 밖에 위치하고 2, 4, 6, 8짝수(=地數)가 네모(□)로 안에 위치하고 있다.

(그림6)과 같이 구구표25방에 복희선천팔괘방위도(伏羲先天八卦方位圖)를 대입하여 '十'자와 '×'자로 더하기를 하면 9였던 것이 문왕후천팔괘도(文王後天八卦圖)에서는 10으로 바뀌었다는 뜻이다. 여기서 10을 필자는 '내공(功)의 수(數)'라 했다.

7. 81과 17수

(그림1)은 구구표81방에서 큰 방(□)을 이루는 있는 1단과 9단이며 중심수이다.

'ㄱ'자로 1단 아홉수와 9단 여덟 수의 합17수(9+8=17)를 뺀 나머지 64는 대성괘(=64卦:8×8=64)의 수이다.

1	2	3	4	5	6	7	8	9
2	4							18
3		9						27
4			16					36
5				25				45
6					36			54
7						49		63
8							64	72
9	18	27	36	45	54	63	72	81

(그림1)

(그림1)의 회색부분이 1단이고 백색부분이 9단이다.

1에서 81까지 1, 4, 9, 16, 25, 36, 49, 64, 81아홉수(청색부분)는 4각수로 구구표81방의 1에서 81까지 대각선을 이루는 중심수이며 25(5×5)는 구구표81방의 중심수이다.

81자리(9×9)를 축으로 하고 1자리(1×1)가 꼭짓점이 되도록 우측방향으로 45도 돌리면人(=∧:사람 인)자가 되며 4, 9, 16, 25, 36, 49, 64, 81여덟 중심수(청색부분)는 81에서 1로 향하는 화살표 (↘)를 만든다. (그림2)는 (그림1)의 9단(백색)부분 여덟 수를 십 자리와 1자리를 위·아래로 나누어 늘어놓은 것이다.

→
1 2 3 4 | 5 6 7 8
8 7 6 5 | 4 3 2 1
　　　　　　　　　←
(그림2)

(그림2)를 위·아래로 읽으면 그림1의 사각형 밑변부분을 이루는 9단 18, 27, 36, 45, 54, 63, 72, 81이지만 여기서 81(9×9)과 아래에서 위로 연결되는 또 하나의 9단 18, 27, 36, 45, 54, 63, 72, 81은 십 자리와 1자리가 (그림2)와 같이 1, 2, 3, 4, 5, 6, 7, 8이 동그라미를 그리고 있다.

(그림2)는 1, 2, 3, 4, 5, 6, 7, 8의 큰 동그라미를 중심선 좌우로 두 개의 1, 2, 3, 4, 5, 6, 7, 8동그라미가 서로 다른 방향으로 8(∞)자로 돌고 있다. 1에서부터 시작하여 7에 이르면 8이다. 그리고 8다음에 오는 9는 99로 81인데 (그림1)은 이를 나타내고 있다.

그림1에서 'ㄱ(=ㄴ)'자를 이루는 1단과 9단의 합이 17수이다.
구구표81수를 1, 3, 5, 7, 9, 11, 13, 15, 17 양수(陽數) 아홉수로 피라미드를 만들면 (그림3)과 같다. 삼각형 우측 빗변 괄호숫자는 피라미드 숫자다.

```
                    1    ①
                  2  3  4    ③
                5  6  7  8  9    ⑤
              2  4  6  8  10  12  14    ⑦
           16  18  3  6  ⑨  12  15  18  21    ⑨
        24  27  4  8  12  16  20  24  28  32  36    ⑪
     5  10  15  20  25  30  35  40  45  6  12  18  24    ⑬
  30  36  42  48  54  7  14  21  28  35  42  49  56  63  8    ⑮
16  24  32  40  48  56  64  72  ⑨  18  27  36  45  54  63  72  81  ⑰
```
(그림3)

　　(그림3)의 1, 3, 5, 7, 9, 11, 13, 15, 17을 모두 더하기를 하면 81이고 1에서 17까지 더하기를 하면 153이다. (그림3)의 중심수는 9(⑨)이고 피라미드(삼각형)밑변 17수의 중심수 역시 9(⑨)이다.

8. 2·4·6·8·10

    2, 4, 6, 8, 10짝수는 주역(周易)에서 땅의 수(地數)로 모두 더하기를 하면 30이다. 구구표에서 10은 2×5(=5×2)자리에 있다. 자연수의 순서를 1, 2, 3, 4, 5, 6, 7, 8, 9, 10이라고 해야 되는데 어떤 경우는 0부터 시작하여 0, 1, 2, 3, 4, 5, 6, 7, 8, 9라 한다. 둘 다 틀린 것은 아니지만 그럴 만한 이유가 있다는 것은 '0'을 어떻게 보느냐에 따라서 달라지기 때문이다. 수리학(數理學) 공부를 하다보면 10이란 수(數)가 많이 나오는데 대성괘(大成卦)의 64괘도 6+4=10이다. 구구표 2단에서 '10'은 이렇다(①번).

        2   4   6   8   10   12   14   16   18 …… ①

2단(①)을 첫 자리 수(1자리)를 셋씩 짝을 지어 옮겨본다(②번).

      2   4   6
                    8   0   2
                                4   6   8 …… ②

    다음은 ②번 2, 4, 6과 8, 0, 2 그리고 4, 6, 8을 순서대로 다음과 같이 田(밭 전)자로 다시 정리를 한다. '0'을 중심으로 '十'자와 '×'자로 더하기를 하면 모두 '10'이 된다.

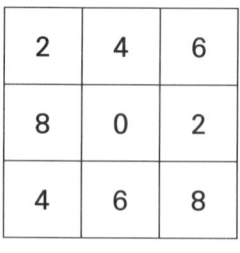

(그림1)

나머지 4, 6, 8단을 같은 방법으로 정리를 하면 아래와 같다.

```
    4  8  2         6  2  8         8  6  4
    6  0  4         4  0  6         2  0  8
    8  2  6         2  8  4         6  4  2
     (4단)           (6단)            (8단)
```

　여기서 주시 할 것이 '0'을 중심으로 밖에 짝수가 있다. 그 이유는 2, 4, 6, 8짝수가 구구표 2단에서 중심수(2×5=10자리) 1자리가 '0'이 되기 때문이며, 이는 하도(河圖)가 5와 10이 중앙에 위치하여 土(=中土)를 이루는 것과 일치한다.

　언뜻 보면 2, 4, 6, 8단이 각각 다른 것 같이 보인다. 그러나 자세히 보면 위치만 다를 뿐이지 2와 8, 4와 6이 '0'을 중심으로 '十'자와 '×'자로 더하기를 하면 10을 이루는 것이 같다.

　사람 사는 것도 마찬가지다. 각자 사는 것이 다른 것 같아도 비 맞고 눈 맞는 것이 같으며 공짜로 얻는 것이 없다는 것도 같다. 나 혼자 고생 하고 힘들게 사는 것 같아도 다른 사람도 마찬가지라는 것도 역시 같다.

지금은 초등학교에 입학 전에 이미 구구단을 암기 하고 있다. 그러나 그 안에 무엇이 있는가에 대해서는 관심이 없었다. 이것이 어디 구구표뿐이겠는가.

9. 18과 81

18과 81을 더하기를 하면 99이다(18+81=99).

99에서 9와9를 더하기를 하면 18이고(9+9=18), 9와9를 곱하기를 하면 81이다(9×9=81). 1에서 9까지 두 자연수를 더하기를 하여 9가 되는 수는 몇 가지나 될까?

답은 '8'이다. 1, 2, 3, 4, 5, 6, 7, 8, 9까지 두 자연수를 더하기를 하여 모두 '9'가 되기 위해서는 아래와 같이 위 아래로 나열 하면 된다.

	1	2	3	4
	8	7	6	5
합	9	9	9	9

1에서 9까지 두 자연수 집합이 9가 되는 수는 1+8, 2+7, 3+6, 4+5로 네 가지가 있다. 그러나 1+8을 역(逆)으로 하면 8+1, 2+7은 7+2, 3+6과 4+5는 각각6+3과 5+4로 아래와 같은 8가지 방법이 있다.

1+8, 8+1,2+7, 7+2, 3+6, 6+3, 4+5, 5+4

'+'기호를 빼면 아래와 같이 된다.

18, 81, 27, 72, 36, 63, 45, 54

이번에는 작은 수부터 차례로 나열해 본다.

18, 27, 36, 45, 54, 63, 72, 81

둘째 자리(10자리) 수만 옮긴 것 이 ①이다.

1 2 3 4 5 6 7 8 → ①

첫 자리(1자리) 수를 옮긴 것이 ②이다.

8 7 6 5 4 3 2 1 → ②

①과 ②를 그대로 옮긴다.

1 2 3 4 5 6 7 8 → ①
8 7 6 5 4 3 2 1 → ②

①과② 위·아래 자연수 집합 18, 27, 36, 45, 54, 63, 72, 81은 9단이다.

(그림1)은 9단을 십 자리와 1자리를 위·아래로 나열했을 때 중심선 좌우로 1, 2, 3, 4, 5, 6, 7, 8이 두 개의 원으로 각각 다른 방향으로 돌고 있다.

→
1 2 3 4 | 5 6 7 8
8 7 6 5 | 4 3 2 1
　　　　　　　　　←

(그림1)

연구논문 | 구구표란 무엇인가

(그림2)는 복희팔괘방위도(伏羲八卦方位圖)를 구구표 25방에 대입을 했다. 괄호숫자는 수리(數理)이다. 1(①)은 8(⑧)과 마주하여 합이 9이다.

(그림2)

(그림2)는 1, 2, 3, 4와 5, 6, 7, 8팔괘가 (그림1)과 같이 서로 다른 방향에서 돌고 있다.

팔괘(八卦)에서 건(乾卦=☰)은 수리1이고 곤(坤卦:☷)는 수리8이며 64괘에서 건괘(乾卦)가 아래에 위치하고(下卦), 곤괘(坤卦)가 위에 위치(上卦)한 것을 64괘 번호 11 지천태(地天泰:䷊)가 64괘 수리표에서는 81이다. 반대로 상괘(上卦)가 건(=乾卦)이고 하괘(下卦)가 곤(=坤卦)일 경우는 64괘 번호 12 천지비(天地否:䷋)로 64괘 수리표에서 18이된다. 지천태(䷊)와 천지비(䷋)는 64괘 수리표 64방(方)에서 수리88 중지곤(重地坤:䷁)과 수리11(重天乾:䷀)의 큰 방(□)의 꼭짓점으로 '×'자를 이루고 있다. 64괘 수리표는 구구표81방으로 보았을 때 88중지곤이 현재 사용하고 있는 구구표의 1자리에 있으며 11중천건이 81자리에 있으니 성리대전의 구구방수도가 9단부터 시작 된 것은 여기서 연유 되었다고 본다.

10. 구구표 자릿수 근

(그림1)은 구구표의 자릿수 근이다. 3·6·9단을 제외한 1·4·7과 2·5·8단의 자릿수 근은 가로줄(橫線)과 세로줄(縱線)이 1,2,3,4,5,6,7,8,9가 어느 수도 겹치지 않고 합이 45가 되는 천수삼합(天數三合)마방진(魔方陣)을 이룬다.

자릿수 근은 구구표 십 자리를 1자리로 바꾸는 것으로 하나(1)가 될 때까지 더하기를 하면 된다. 예를 들어 12일 경우는 1+2=3으로 3이 자릿수 근이다.

1	2	3	4	5	6	7	8	9
2	4	6	8	1	3	5	7	9
3	6	9	3	6	9	3	6	9
4	8	3	7	2	6	1	5	9
5	1	6	2	7	3	8	4	9
6	3	9	6	3	9	6	3	9
7	5	3	1	8	6	4	2	9
8	7	6	5	4	3	2	1	9
9	9	9	9	9	9	9	9	9

(그림1)

(그림1)의 81방 중심수는 7이며 외곽으로 1단 아홉수와 9단의 여덟 자릿수 근 9가 'ㄱ'과 'ㄴ'으로 큰 방(□)을 이루고 있다.

2단은 2, 4, 6, 8음수와 1, 3, 5, 7, 9 양수이며, 3단은 3·6·9천수삼합(天數三合)순열이다. 6단은 6·3·9순열이고, 8단은 1, 2, 3, 4, 5, 6, 7, 8의 역(逆)이 되는 8, 7, 6, 5, 4, 3, 2, 1이다.

(그림1)의 역(逆)'ㄴ(ㄴ)'자로 큰 방을 이루는 9단의 자릿수 근 17수의 '9'를 빼면 안으로 1, 2, 3, 4, 5, 6, 7, 8이 역(逆)으로 'ㄴ(ㄴ)'자를 이루고 있다.

다음 ①은 (그림1)에서 2단의 자릿수 근이다.

2 4 6 8 1 3 5 7 9 …… ①

②는 (그림1)의 2와 더하기를 하여 9가 되는 7단 자릿수 근이다(2+7=9).

7 5 3 1 8 6 4 2 9 …… ②

(그림2)는 ①과 ②에서 뒤에 있는 9를 뺀 나머지 여덟 수를 옮겨서 중심선(|)을 세운 것이다.

→
2 4 6 8 | 1 3 5 7 …①
7 5 3 1 | 8 6 4 2 …②
　　　　　　　　　←
(그림2)

(그림2)를 양쪽 화살표를 따라가면 2, 4, 6, 8 짝수와 1, 3, 5, 7 홀수가 逆으로 큰 원(○)을 그리고, 중심선 좌우로 2, 4, 6, 8, 1, 3, 5, 7이 역수 대칭으로 두 개의 원이 8(∞)자로 돌고 있다.

(그림3)은 (그림1)에서 9를 뺀 나머지 여덟 수가 중심선으로 대칭을 이루는 4단과 5단이다.

```
4  8  3  7  |  2  6  1  5   …4단 자릿수 근
5  1  6  2  |  7  3  8  4   …5단 자릿수 근
```
(그림3)

 (그림3)역시 4, 8, 3, 7, 2, 6, 1, 5가 위·아래 더하기를 하면 '9'이고 큰 원 안에 중심선 좌우로 4, 8, 3, 7, 2, 6, 1, 5가 역수(逆數)로 두 개의 원을 그리고 있다.

 나머지 1단과 8단은 (그림2)와 (그림3)과 같이 했을 경우는 1, 2, 3, 4, 5, 6, 7, 8이 역으로 도는 8, 7, 6, 5, 4, 3, 2, 1과 위·아래로 만나 18, 27, 36, 45, 54, 63, 72, 81이 되어 9단이 되며 3단과 6단은 3·6·9천수삼합으로 원을 그린다. 여기서 4단의 자릿수 근을 다시 보자.

 4단의 자릿수 근의 집합은 48372615이니 4천8백37만2천6백15라 읽을 것이다. 이것을 (그림4)와 같이 1, 2, 3, 4, 5, 6, 7, 8을 위에 48372615를 (그림3)과 같이 나열해본다. 편의상 1, 2, 3, 4, 5, 6, 7, 8에서 홀수를 괄호숫자로 나타냈다.

```
①  2  ③  4  ⑤  6  ⑦  8
4   8  3   7  2   6  1   5
```
(그림4)

 (그림4)를 우측에서 좌측으로 홀수⑦⑤③①과 아래에 짝을 이루는 수를 읽으면 1, 2, 3, 4이고 짝수 8, 6, 4, 2와 아래에서 짝을 이루는 수는 5, 6, 7, 8이다. 즉, 48372615는 1, 2, 3, 4, 5, 6, 7, 8 여덟 수가 홀수와 짝수가 짝을 이루고 있는 수이다.

요즈음은 유치원에 다니는 어린이도 7단을 암기한다.

그러나 '7 5 3 1 8 6 4 2 9'의 질문의 답은 못한다. 구구표의 원리를 모르고 암기만 해왔기 때문이다. (그림5)는 7단이다.

7	14	21	28	35	42	49	56	63	③
7	4	1	8	2	5	9	6	3	④
7	5	3	1	8	6	4	2	9	⑤

(그림5)

(그림5)에서 ③은 7단이라는 것은 다 알고 있다. 그러나 ④는 7단의 1자리수로 3단의 1자리와 1·4·7, 2·5·8, 3·6·9로 (그림3)과 같이 원을 그리며 (그림3)은 위·아래 합이 '9'이지만 3+7=10이다. ⑤는 7단의 자릿수 근이다.

'곰'을 거꾸로 보면 '문'자가 되고, '6'을 거꾸로 보면 '9'가 된다. 그러나 '8'자는 거꾸로 보아도 '8'자이니 밤과 낮이 바뀌는 것과 같다. (그림1)의 중심수가 7이며 7×7=49이다.

49의 두 자연수 4+9=13인데 1과 3은 홀수로 하늘의 수(天數)다. 여기서 3은 천지인(天地人)에서 3이며, 1+3=4이다. 4는 구구표에서 2×2=4로 田(밭 전)자를 이룬다.

7다음에 오는 수가 8이고 8×8=64이다. 64는 6+4=10이며 자릿수 근 은 1이고 '0'은 '○'으로 '내 그릇'이며 '몫(=分數)'이다. 8다음에 9는 9×9=81로 다시 1로 돌아간다. 구구표81방안에서의 나(i)는 3·6·9에서 6의 세계에서 사는데 6은 하도수의 6, 7, 8, 9, 10의 성수(成數)의 시작수가 된다.

11. 낙서(洛書)와 9단

낙서(洛書)는 1에서 9까지 아홉수다.

1, 12, 123…순(順)으로 123456789까지 9단(段)의 9, 18, 27, 36, 45, 54, 63, 72, 81순(順)으로 곱한 것이 (그림1)이다.

① 1×9=9
   1×18=18
   1×27=27
   1×36=36
   1×45=45
   1×54=54
   1×63=63
   1×72=72
   1×81=81

② 12×9=108
   12×18=216
   12×27=324
   12×36=432
   12×45=540
   12×54=648
   12×63=756
   12×72=864
   12×81=972

③ 123×9=1107
   123×18=2214
   123×27=3321
   123×36=4428
   123×45=5535
   123×54=6642
   123×63=7749
   123×72=8856
   123×81=9963

④ 1234×9=11106
   1234×18=22212
   1234×27=33318
   1234×36=44424
   1234×45=55530
   1234×54=66636
   1234×63=77742
   1234×72=88848
   1234×81=99954

⑤ 12345×9=111105
  12345×18=222210
  12345×27=333315
  12345×36=444420
  12345×45=555525
  12345×54=666630
  12345×63=777735
  12345×72=888840
  12345×81=999945

⑥ 123456×9=1111104
  123456×18=2222208
  123456×27=3333312
  123456×36=4444416
  123456×45=5555520
  123456×54=6666624
  123456×63=7777728
  123456×72=8888832
  123456×81=9999936

⑦ 1234567×9=11111103
  1234567×18=22222206
  1234567×27=33333309
  1234567×36=44444412
  1234567×45=55555515
  1234567×54=66666618
  1234567×63=77777721
  1234567×72=88888824
  1234567×81=99999927

⑧ 12345678×9=111111102
  12345678×18=222222204
  12345678×27=333333306
  12345678×36=444444408
  12345678×45=555555510
  12345678×54=666666612
  12345678×63=777777714
  12345678×72=888888816
  12345678×81=999999918

⑨ 123456789×9=1111111101 =9
  123456789×18=2222222202 =9
  123456789×27=3333333303 =9
  123456789×36=4444444404 =9
  123456789×45=5555555505 =9
  123456789×54=6666666606 =9
  123456789×63=7777777707 =9
  123456789×72=8888888808 =9
  123456789×81=9999999909 =9

(그림1)

(그림1)⑨를 보자. 123456789를 모두 더 하기를 하면 낙서수(洛書數)45이다. 45(십 자릿수)를 한 자릿수(1자릿수=근)로 바꾸면 4+5로 9가 된다.

9, 18, 27, 36, 45, 54, 63, 72, 81역시 자릿수 근은 9이며 1111111101도 9다. 2222222202도 2를 모두 더하면 9이고 3333333303도 마찬가지로 9다. 1111111101이나 2222222202는 1×9=9와 2×9=18로 앞에 123456789×9 또는 18의 승수(乘數)와 같다.

(그림1)⑨를 가로(橫)로 읽으면 123456789와 1111111101⋯9999999909이지만 세로(縱)로 읽으면 모두 123456789다. 그러니까 123456789가 종·횡 'ㄱ'자로 연결된 것이다. (그림2)는 (그림1)을 ①,②,③⋯⑨순으로 곱셈 합을 뒤에서부터 두 자리까지 즉, 1자리와 10자리 수를 그대로 옮긴 것이다. 무엇인가? 구구표의 1단과 9단자리가 바뀌어 현재 사용하고 있는 구구표를 180도 뒤집어놓은 것이 되었다. 괄호숫자는 (그림1)의 ①에서 ⑨까지 순(順)이다.

9	18	27	36	45	54	63	72	81	①
8	16	24	32	40	48	56	64	72	②
7	14	21	28	35	42	49	56	63	③
6	12	18	24	30	36	42	48	54	④
5	10	15	20	25	30	35	40	45	⑤
4	8	12	16	20	24	28	32	36	⑥
3	6	9	12	15	18	21	24	27	⑦
2	4	6	8	10	12	14	16	18	⑧
1	2	3	4	5	6	7	8	9	⑨

(그림2)

여기서 3단과 7단을 보자. (그림2)에서 3단은 (그림1) ㉠부분으로 1234567 일곱 자리에 9단을 곱한 셈이고 7단은 (그림1) ㉢부분으로 123 세 자리에 9단의 곱셈이다. (그림1)에서 그 부분만 옮긴다.

    7 14 21 28 35 42 49 56 63……㉢

    3 6 9 12 15 18 21 24 27……㉠

첫 자리 수만 옮긴다.

    7 4 1 8 5 2 9 6 3……㉢

    3 6 9 2 5 8 1 4 7……㉠

1, 4, 7·2, 5, 8·3, 6, 9 천수삼합이다. 이것은 3단과 7단이기 때문에 다른 방법의 증명이 필요 없이 바로 천수삼합이 나오는 것이다.

*참고 : (그림1)은 **구구표**이다.

1	2	3	4	5	6	7	8	9
2	**4**	6	8	10	12	14	16	18
3	6	**9**	12	15	18	21	24	27
4	8	12	**16**	20	24	28	32	36
5	10	15	20	**25**	30	35	40	45
6	12	18	24	30	**36**	42	48	54
7	14	21	28	35	42	**49**	56	63
8	16	24	32	40	48	56	**64**	72
9	18	27	36	45	54	63	72	**81**

(그림1)

(그림2)는 낙서수(洛書數)와 9단이다.

9	18	27	36	45	54	63	72	**81**
8	16	24	32	40	48	56	**64**	72
7	14	21	28	35	42	**49**	56	63
6	12	18	24	30	**36**	42	48	54
5	10	15	20	**25**	30	35	40	45
4	8	12	**16**	20	24	28	32	36
3	6	**9**	12	15	18	21	24	27
2	**4**	6	8	10	12	14	16	18
1	2	3	4	5	6	7	8	9

(그림2)

　(그림1)과 (그림2)는 구구표에서 4각수(중심수)를 중심으로 하여 'x'자로 좌·우 대칭을 이루고 있다. 이는 대칭의 조건인 두 도형이 서로 거울상이거나 한 점을 중심으로 180도 회전시켜 포개어 꼭 들어맞으면 대칭이다.

Ⅲ. 원방각(圓方角)과 구구표

1. 원방각(圓方角)의 뜻

천원지방(天圓地方)의 '하늘은 둥글고 땅은 네모지다'는 옛 사람들의 우주관으로 圓(둥글 원)은 동그라미(○)이고, 方(모 방)은 네모(□)다.

(그림1)은 구구표 81방에서 외곽을 이루는 사각형과 'x'자를 이루는 수를 대입한 것이다.

1	2	3	4	5	6	7	8	9
2	4						16	18
3		9				21		27
4			16		24			36
5				25				45
6			24		36			54
7		21				49		63
8	16						64	72
9	18	27	36	45	54	63	72	81

(그림1)

동그라미는 원(圓)으로 수리(數理)가 1이며 하늘(天)로 형상은 'O'이다.

네모는 방(方)으로 수리는 2이고 땅(地)으로 '□'이며, 세모는 각(角)으로 수리는 3이고 '△'이다. 따라서 천지인(天地人)1, 2, 3으로 하늘을 나타내는 원(圓)안에 방(方:□)이 들어가고, 방(□)안에 각(△)이 들어가 하나를 이룬 모습이 원방각(圓方角)이다.

구구표는 81方을 이룬 대방((大方)이니 구구표 자체가 네모다. 그렇기 때문에 구구표를 네모라 하면 이의를 달지 않는다. 네모 뿐 만이 아니라 세모도 구구표에서 찾을 수 있으며 3각수와 4각수 관계도 찾을 수 있다. 그렇다면 구구표에서 동그라미는 어디에 있는가.

영(零:zero)의 기호 '0'을 동그라미나 점이라 한다고 하여 문제 삼을 수는 없다. 그러나 '0'을 수학에서 원(圓)의 조건은 될 수 없다. 원(圓:○)또한 점이고 '0'으로 본다. 영어 알파벳의 제15자 'O'가 원(圓)을 가장 많이 닮았으며 수(數)에서 영(零:zero)이다. 그러나 'O'을 '공(空)'을 나타내기도 하는데 실제로 우주는 '○'보다는 '0'에 가깝다고 본다.

(그림1)의 81(9×9)에서 아래에서 위로(↑) 9단 첫 자리(=1자리) 1, 2, 3, 4, 5, 6, 7, 8로 따라가면 18(9×2)에 이르게 된다. 18에서 거꾸로 십 자리 수 (=10자리) 1, 2, 3, 4, 5, 6, 7, 8에 이르면 81(9×9)로 1,2,3,4,5,6,7,8이 꼬리를 물어 동그라미를 그린다.

또 하나의 동그라미는 (그림1)을 이루는 1단의 아홉수와 9단의 십 자리 1, 2, 3, 4, 5, 6, 7, 8 여덟 수 'ㄱ'과 'ㄴ'자가 81로 동그라미를 그리고 있다.

(그림1)의 1, 4, 9, 16, 25, 36, 49, 64, 81 아홉4각수는 구구표의 중심수이며 1, 2, 3, 4, 5, 6, 7, 8, 9의 제곱수이다. 이와 'x'자를 이루는 9, 16, 21, 24는 중심수 25(5×5)와 같은 수가 대칭을 이루는데 아래와 같이 '피승수×승수=곱'으로 만나는 수이다.

1×9=9, 2×8=16, 3×7=21, 4×6=24

이와 대칭을 이루는 24, 21, 16, 9는 구구표 곱셈에서 '교환 법칙'에 의하여 피승수와 승수의 자리바꿈이니 1×9=9, 2×8=16, 3×7=21, 4×6=24 하나만 선택하기로 한다.

1×9=9, 2×8=16, 3×7=21, 4×6=24에서 곱의 수 9, 16, 21, 24를 빼면 피승수와 승수가 남는 것을 (그림2)와 같이 위에는 피승수 아래는 승수로 순서대로 나열한다. 5는 5×5=25 중심수이니 가운데에 위치했다.

```
1  2  3  4  ……피승수

     5中

9  8  7  6  ……승  수
```

(그림2)

(그림3)

(그림3)은 문왕후천팔괘방위도(文王後天八卦方位圖)를 구구표25방에 대입한 것이다.

구구표는 낙서수(洛書數) 1, 2, 3, 4, 5, 6, 7, 8, 9가 9×9=81방(方)이다. (그림3)은 '十'자와 'X'자로 더하기를 하면 10이다. (그림2) 역시 피승수와 승수를 위·아래로 더하기를 하면 10이다. 즉, (그림2)는 (그림3)과 같은 문왕팔괘방위도로 원을 그릴 수 있으며 구구표81방의 밖을 공(空:○)의 세계라 한다. 그 동그라미가 곧 하늘(天)이다.

2. 9단 여덟 수와 복희선천팔괘방위도(伏羲先天八卦方位圖)

9단에서 1단과 겹치는 9(1×9·9×1)를 뺀 여덟 수는 이렇다.

18, 27, 36, 45, 54, 63, 72, 81

(그림1)은 9단 여덟 수를 십 자리(10)를 위에, 1자리를 아래에 놓고 앞에서부터 순서대로 중심선(|)을 세워 나열 한 것이다. 위·아래 두 자연수를 더하기를 하면 9이고 집합이 9단 18, 27, 36, 45, 54, 63, 72, 81 여덟 수이다.

```
① →
1   2   3   4   |   5   6   7   8
8   7   6   5   |   4   3   2   1
                                ← ②
        (그림1)
```

(그림1)은 화살표 '①→'과 '←②'는 동그라미를 그리고 중심선(|)으로 서로 반대 방향에서 두 개의 동그라미가 8(∞)자로 도는 모습이다. (그림2)는 구구표25방에 복희선천팔괘방위도와 수리(數理)를 대입한 것이다. 1, 2, 3, 4와 5, 6, 7, 8서로 반대 방향으로 돌고 있는 모양을 하고 있는데 이는 (그림1)의 중심선으로 좌우(左右)역수(逆數)가 8자로 도는 것과 같다.

(그림2)에서 1·4·7과 2·5·8천수삼합(天數三合)이 각각 '△'과 '▽'으로 '다윗의 별(✡)'모양을 하고 있다.

'十'자를 이루는 1과8은 하늘(天:☰)과 땅(地:☷)이며 3과6은 불(火:☲)과 물(水:☵)로 태극기(太極旗)의 4괘를 이루는 건곤감리(乾坤坎離)이다.

		☰ ①		
	☷ ②		☳ ⑤	
☴ ③				☵ ⑥
	☷ ④		☶ ⑦	
		☷ ⑧		

(그림2)

3. 사람은 세모

구구표는 (그림1)과 같이 1, 2, 3, 4, 5, 6, 7, 8, 9(1단)와 9, 18, 27, 36, 45, 54, 63, 72, 81(9단)이 'ㄱ'자를 이루고 있다. 1, 4, 9, 16, 25, 36, 49, 64, 81 아홉수를 밑변으로 하고 좌로 45도를 눕히면 9가 90도가 되고 1과 81이 각각 45가 되는 이등변직각삼각형이다.

1	2	3	4	5	6	7	8	9
	4	6	8	10	12	14	16	18
		9	12	15	18	21	24	27
			16	20	24	28	32	36
				25	30	35	40	45
					36	42	48	54
						49	56	63
							64	72
								81

(그림1)

(그림2)는 (그림1)을 좌로 45도 눕힌 이등변직각삼각형의 변형된 모습으로 아래로부터 위로(↗) 괄호숫자 ①~⑨는 (그림1)의 1단이고, 위에서 아래로 ②~⑨는 동그라미(○) 숫자이며 18(②), 27(③), 36(④), 45(⑤), 54(⑥), 63(⑦), 72(⑧), 81(⑨)의 9단 여덟 수이다.

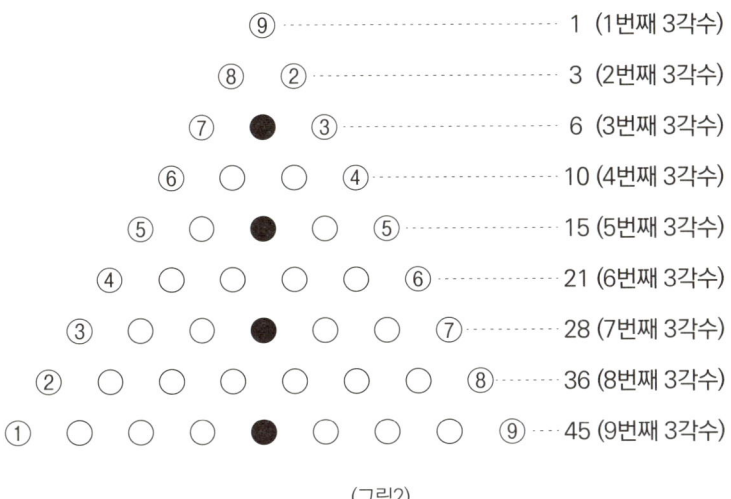

(그림2)

또한 (그림2)의 1, 3, 6, 10, 15, 21, 28, 36, 45는 3각수이며 밑변은 구구표 81방의 중심수가 되는 (그림1)의 1, 4, 9, 16, 25, 36, 49, 64, 81 아홉 4각수이다.

(그림2)의 검은빛 점(●)은 맨 위 삼각형 꼭짓점(⑨)에서 밑변으로 수직(垂直)으로 그을 때 1, 3, 5, 7, 9홀수 점을 지나는 중심선이다. 이렇게 했을 때 밑변의 중심점 역시 구구표81방의 중심수 25(5×5)와 같다는 것을 알 수 있다(그림2:의 수직으로 중심수는 구구표에서 3×7=21자리다).

(그림3)은 구구표81방에서 1에서 5까지 25(5×5)방(方)이며 고딕은 중심수 9와 함께 'x'자를 이루고 있는 다섯 수이다.

(그림3)에서 4각수 1·4·9·16·25 중심수를 포함하여 (그림1)과 같은 좌·우 15방이 되는 2개의 이등변직각삼각형이 나온다. 따라서 (그림3)은 좌·우

각각 1, 4, 9, 16, 25를 밑변으로 하여 다섯 번째 삼각수 15가 되는데 그 15는 하도수(河圖數) 1, 2, 3, 4, 5, 6, 7, 8, 9, 10에서 1, 2, 3, 4, 5생수(生數)를 모두 더하기를 수이다. 1·4·9·16·25와 '×'자를 이루는 5·8·9·8·5를 중심수로 할 때도 마찬가지다.

1	2	3	4	5
2	4	6	8	10
3	6	9	12	15
4	8	12	16	20
5	10	15	20	25

(그림3)

구구표에서 1은 오직 하나로 1번째 3각수이며 4각수이다.

(그림2)를 보면 동그라미 둘(⑧·②)위에 하나(⑨)가 있어 셋(3:△)이 되어 두 번째 삼각수 3이다. 꼭짓점⑨와 ⑧과②의 삼각형(△)이 천지인(天地人)3극(=三位)이다. 이렇게 ⑨가 맨 위 꼭짓점이 되고 ⑧과 ②가 밑변 꼭지각을 이루고 있는 ⑨⑧②를 편의상 '삼각형1'이라 하겠다.

(그림3)에서 4는 구구표에서 2×2=4이며 '田(밭 전:청색부분)'이다.

처음 수 하나(1)를 ①로 하고 2와2를 ②와 ③으로 하면 (그림2)에서 맨 위에서 삼각형을 이루고 있는 ⑨⑧②로 '삼각형1'과 같다. 이는 구구표에서 1, 4, 9, 16, 25, 36, 49, 64, 81 아홉수가 '×'자로 대칭을 이루고 있는 9, 16, 21, 24, 25, 24, 21, 16, 9의 좌측부분으로 (그림2)와 같다는 뜻이다.

(그림2)의 '삼각형1(△: ⑨ ⑧ ②) 다음에 오는 3각수가 6이다.

3각수6은 셋째 3각수로 (그림3)에서 3, 4, 3부분이며 4를 중심으로 3이 좌우대칭이다.천지인(天地人)에서 3은 사람이다. 사람이 사는 세상을 인간(人間)이라 하는데 본디의 뜻은 하늘(天)과 땅(地)사이에 사람(人)이다. 즉, 천지인은 하나인데 그 하나가 바로 (그림2)의 '삼각형1'이다.

3다음에 오는 수가6이다.

6부터의 삼각형을 '삼각형2'라고 하자. (그림2)에서 ⑨ ⑧ ②삼각형(△)아래에 있는 사다리꼴이라 하겠다. '삼각형2'는 셋째 3각수 6으로부터 10, 15, 21, 28, 36, 45아홉 째 3각수까지 이며 여기에 백분율을 대입하면 사람을 나타내는 세모피라미드라 할 수 있다.

다음은 열자(列子)제2편 황제(皇帝)에 나오는 내용이다.

'포희씨(庖犧氏=伏羲氏), 여와씨(女媧氏), 신농씨(神農氏)나 하우씨(夏禹氏) 같은 이는 뱀의 몸뚱이에 사람의 얼굴, 소의 머리에 범의 코를 하고 있어, 이것은 사람의 모습은 아니나 대성(大聖)의 덕(德)이 있었다.'

이것은 (그림2)에서 삼각형1과 2를 이해를 하면 되겠다.

삼각형1은 천지인 1, 2, 3에서 3으로 사람이다. 성인이거나 성인에 가까운 사람이다.

삼각형2는 3다음에 오는 3배수 6이다. 뱀(巳) 역시 12지(十二支)동물에서 수리(數理)6으로 음화(陰火)이다. 6은 인간(人間)을 포함한 동물의 세계다. 따라서 겉보기는 그렇지 아니하나 사람다운 사람이 있는 가하면 그와 반대로 겉보기와는 달리 짐승의 마음을 가진 사람도 있다.

신(神)은 인간에게 돈과 명예, 권력을 한꺼번에 모두 준 것이 아니라 재능과 그릇에 따라 주었다. 그런데 가끔은 자신의 분수에 넘치는 욕심으로 돈과 명예, 권력 세 가지를 모두 가지려는 경우도 있다. 즉, 사람은 세모인데 네모나 동그라미로 만들겠다는 것이다. 이것은 석가나 예수 같은 성인도 삼각형을 동그라미로 만들지 못했고 앞으로도 이 문제를 해결 할 수 있는 성인은 어떠한 경우에도 나타나지 않는다.

성인은 말했다. 천국과 지옥은 네 마음속에 있다고. 행복도 마찬가지다. 행복은 물질과 명예·권력으로 살 수 있는 것이 아니라 네 마음속에서 찾아라.

Ⅳ. 결론

그동안 필자가 하도낙서(河圖洛書)를 소개하면서 수리(數理)란 용어를 많이 썼다. 우리말 큰 사전은 수리학(數理學)을 수학(數學)과 자연과학(自然科學)이라 설명했고 필자의 저서 '河圖洛書와 구구표' 역시 수학과 자연과학으로 분리되었다.

수(數)의 근간(根幹)은 하도낙서로 본다. 하도(河圖)는 오늘날과 같은 문자를 사용하지 않고 그림으로 나타냈던 시대이기 때문에 圖(그림 도)라 했다.

최초의 하도가 현재와 같은 하나(1)에서 열(10)까지를 동그라미(○)로 나타냈다고 볼 수는 없지만 1,2,3,4,5가 6,7,8,9,10과 짝을 이루어 1·6수(水)로부터 5·10이 중토(中土)로 중앙에 있는 것은 일치한다.

여기서 점하나(○)를 '一(1)'이라 하고, 점 둘(●●)을 '二(2)'라 했다. 양효(陽爻:―)를 '1' 음효(陰爻:--)를 '2'라 했으며 ⚌⚏⚍⚎을 사상(四象)이라 했다. 그런가 하면 팔괘(八卦)도 1, 2, 3, 4, 5, 6, 7, 8 수리가 있다. 이렇게 하여 상(象)을 수(數)로 나타내어 상수론(象數論)이다. 그러나 지금까지의 상수론은 주역앞장에 나오는 일반적인 내용과 십익(十翼) 일부를 정리한 것에 불과했다.

주역을 공부하는 사람은 하도(河圖)에서 10이 빠진 낙서(洛書)가 1, 2, 3, 4, 5, 6, 7, 8, 9라는 것은 쯤은 알고 있다. 그러나 1, 2, 3, 4, 5, 6, 7, 8, 9가 구구표에서 1단이라는 것을 알아도 그것이 낙서 아홉수라는 것을 아는 사람은 그리 많지 않다.

종전의 암기식 수학교육 지도 방법에서 벗어나려는 노력이 초등학교 1학년1학기 교과서에 역력히 나타나 있다. 우선 교과서도 셈본이나 산수가 아닌 수학이다. 국어사전에서 우리말 구구는 닭이나 비둘기를 부르는 소리다. 비둘기 울음소리가 구구로 들려서 그랬을까. 그러나 닭과 전혀 관계가 없는 것은 아니다.

닭이 십이지(十二支)에서 유(酉)로 수리(數理)가 10이며 수리9가 되는 신(申)과 함께 금(金)이다. 금은 오행상생도(五行相生圖)에서 4는 9와 합하여 금을 생성(生成)하고 방향은 서쪽이다. 신금(申金)인 9는 양(陽)이고 유금(酉金)인 10은 음(陰)이니 9와10은 음양(陰陽)의 조화이며 하도와 낙서의 수이기도 하다.

초등학교 1학년1학기 수학교과서 1단원이 '9까지의 수'이다. 처음 수 '하나(1)'로 부터시작이며 9다음에 '0'이다. 아무것도 없는 것을 '0'이라 쓰고, 영이라고 읽는다는 설명이다.

또 하나의 구구(九九)가 있다. 국어사전에서 구구(九九)를 찾으면 '계산 방법의 여러 가지 기초 공식'이라는 설명이 있다. 구구법은 곱셈이나 나눗셈 등에 쓰이는 것으로 만 알 고 있는데 덧셈구구와 뺄셈구구를 초등학교 1학년이 배우고 있다. 여기에는 '0'을 사용한다.

네델란드 초등학교 교실에서는 곱셈구구표를 일부러 외우면 안 된다고 한다. 적어도 곱셈구구를 이해시키는데 2년이 걸린다고 하는데 초등학교1학년이 19단을 암기해서 어쩌자는 것인가. 지금 서점에는 저학년을 대상으로 쓴 구구법이라는 제목으로 나온 책이 수없이 많다. 그러나 구구표81방에

3각수와 4각수가 있으며 원방각(圓方角)과 우주의 원리가 있다는 것을 가르치고 있는 책은 없다. 이런 내용을 알리고자 그동안 하도낙서와 구구표에 관련된 글을 써왔던 것을 재정리하여 논문으로 발표하게 된 것이다. 이 논문은 처음으로 발표되는 구구표논문임을 밝힌다.

참고문헌 | 〈저서〉 박종구, 2014, 『河圖洛書와 구구표』, 도서출판 무진.
박종구, 2015, 『河圖洛書와 구수략』, 도서출판 무진.
김혁제, 1995, 『原本 周易』, 명문당.
김동춘, 1989, 『天符經과 檀君史話』, 기린원.

연구논문
천수삼합이란 무엇인가

I. 머리말

성서(聖書)는 왜 구약성서(舊約聖書) 39권, 신약성서(新約聖書) 27권으로 모두 66권일 까. 요한복음 21장 11절의 153과 요한계시록 13장 18절의 666은 무엇일까. 평소에 성서를 읽으며 이 부분이 궁금했었다. 인터넷에 성서가 왜 66권인가를 검색을 해도 일반적인 설명만 나올 뿐이다.

39의 수리(數理) 3은 1, 2, 3천지인에서 삼위(=三極)이며, 두 자연수 3과 9를 더하기를 하면 12(3+9)이고, 12의 자릿수 근(根)이 3(1+2)이다. 9는 81(9×9)로 6과 함께 3·6·9천수삼합(天數三合)을 이룬다.

27은 3×9이며 2+7=9가 되며 이렇게 두 자리(10자리)이상의 정수를 1자리로 나온 수를 자릿수 근이라 하는데 27역시 자릿수 근이 9이다.

66의 6은 3배수인 3·6·9 천수삼합에서 1, 2, 3, 4, 5 하도선천수(河圖先天數=生數)다음에 오는 6, 7, 8, 9, 10 후천수(後天數=成數)의 시작 수이며, 사람(人=3)을 포함한 6의 세계다. 1, 2, 3 역시 모두 더하기를 하면 6이다 (1+2+3=6). 육도(六道)는 대성괘(=64괘)의 6효(爻)와 3다음에 오는 6이다. 이러한 것은 천수삼합(天數三合)을 모르면 문제를 풀 수 없다.

소풍이나 야유회에서 이루어지는 놀이의 하나로 보물찾기가 있다. 상품의 이름을 적은 쪽지를 여기저기 감추어 놓고 그것을 찾는 사람에게 상품을 주는 놀이다. 찾기 어렵게 꼭꼭 숨긴 것이 아니지만 제한 된 시간에 여러 장의 보물 쪽지를 찾는 사람이 있는가 하면 한 장도 찾지 못하는 사람도 있다. 하나도 못 찾는 사람은 진행자가 보물이 숨겨진 지역을 알려주었지만 보물이 숨겨진 밖을 벗어나서 찾았기 때문이다.

　심마니는 깊은 산중으로 들어가야 산삼을 캐지만 의외로 그렇지 않은 경우도 있다. 돼지꿈을 꾼 농부가 나물 뜯으러 갔다가 100년생 가까운 산삼을 캤다거나 돌아가신 조상님의 꿈을 꾸고 산소 부근에서 산삼을 캐기도 했다. 산삼은 깊은 산중에나 있는 것으로만 생각했지 행운은 오히려 나와 가장 가까운 곳에 있다는 것을 모르기 때문이다.

　어떤 기회가 있어서 주역수리(周易數理)연재를 부탁받고 인터넷에 글을 써 오다가 153은 물론 66도 찾아냈다. 어떤 문제를 풀다가 최종 숫자가 153이었을 때 흥분했고 그 다음 천수삼합을 발견했을 때다. 그 이후 마치 고구마 줄기뿌리에 달린 고구마처럼 그동안 상수학(象數學)에서 궁금한 모든 문제점이 풀려나갔다. 이것은 지금까지 발표되지 않은 개인 연구논문으로 하도낙서(河圖洛書) 강해를 이해하는데 보충 자료로 제공한다.

II. 천수삼합(天數三合)

1. 천수삼합의 뜻

사주학(四柱學)에 삼합(三合)이라는 것이 있다. 지지(地支)에 해묘미(亥卯未)·인오술(寅午戌)·사유축(巳酉丑)·신자진(申子辰) 세 글자가 나란히 모여 합이 되는 것이다. 다음은 한국 가요사(현암사, 1992, p.157)에 1932년 7월29일자 동아일보에 게재되었다는 '수 노래' 1절이다.

1 2 3 4 5 6 7 8 9 0의 숫자
이것들로 모든 것을 셀 수 있다네
아―― 이것을 알아야 한다네

여기서 '0'이 맨 앞에 나와야 한다. '9'다음에 오는 수는 '0'이 아니라 '10'이기 때문이다. 그러나 그것을 모르고 '9'다음에 '0'을 쓴 것은 아닐 것이다. 아라비아 숫자 1에서 10까지 순서는 이렇다.

1 2 3 4 5 6 7 8 9 10

그러나 '10'대신 '0'을 쓸 경우는 '0 1 2 3 4 5 6 7 8 9'가 된다. 왜냐하면 '0'은 '음수와 양수의 경계가 되는 수'이기 때문이다.

기록에 의하면 우리가 사용하고 있는 아라비아 숫자는 약 1,500년 전 인도에서 발명되어 원래 인도에서는 1에서 9까지 숫자만 사용 했다고 한다. '0'이 발견 된 것은 1세기 초기로 보고 이것을 수(數)로서 쓰게 된 것은 6~7세기로 추정 할 뿐 확실한 근거는 없다.

　오래전에 성균관에서 유교경전을 공부할 기회가 있어 '주역'을 접했는데 솔직히 주역 강의를 듣고 이해를 할 수 있는 한문 실력도 없었고 기초교육이 부족하다 보니 무슨 뜻인지도 모르고 강의를 들었다. 그 후에 주역 64괘가 수(數)와 연결되어 있다는 것을 알게 되었고 주역에서 말하는 우주의 비밀이 1, 2, 3, 4, 5, 6, 7, 8, 9 아홉 숫자에 '0(10)'이라는 것을 찾아냈다. 많은 사람들이 논어(論語)하면 공자를 연상하지만 주역하면 공자가 떠오르는 사람은 그렇게 많지 않은 것 같다. 각자 생각은 다르겠지만 지금 까지 학문적으로 가장 신뢰 할 수 있는 인물을 들라고 하면 '공자'라 하겠다. 공자는 '공자님 말씀'만 한 것이 아니라 우주의 원리를 꿰뚫은 인물이다.

　그래서 나는 논어(論語)가 아닌 설괘전(說卦傳)과 계사전(繫辭傳)에 나오는 1쪽에 불과한 천지지수(天地之數)를 믿고 많은 시간을 투자하여 처음으로 주역 수리편(數理編)을 완성 시켰고 천수삼합이란 새로운 용어까지 탄생 시킨 것이다.

　설괘전 제1장에 나오는 '삼천양지(參天兩地)'와 계사상전 제9장에 나오는 천지지수(天地之數)를 이해 하려면 하도(河圖)와 낙서(洛書)에 대하여 먼저 알아야 한다. 하도는 용마(龍馬)의 등에 그려졌다는 55개의 점이다.

　1, 3, 5, 7, 9 흰점(○)과 2, 4, 6, 8, 10 검은 점(●)으로 1, 3, 5, 7, 9흰점을 천수(天數)라 하고 2, 4, 6, 8, 10 검은 점을 지수(地數)라 하여 천수와 지수의 합 즉,1에서 10까지 모두 더한 수가 55다.

낙서는 낙수(洛水)에서 나온 거북이 등에 나타난 점으로 1, 3, 5, 7, 9는 용마의 등과 마찬가지로 흰 점이며 2, 4, 6, 8은 검은 점인데 여기서는 10이 빠졌다. 그래서 낙서수(洛書數)는 하도수(河圖數)보다 '10'이 적은 '45'다.

우리가 지금 사용하고 있는 구구표는 1에서 9까지만 나왔다. 물론 19단표를 암기하는 사람도 있기는 하나 구구표로 통하는 것은 그 만한 이유가 있다. 구구표에서 2단을 보자.

2 4 6 8 10 12 14 16 18

누구나 다 알고 있는 구구표 2단이다. 그러나 천수와 지수를 아는 사람은 구구표 2단이 아니다. 여기서 10은 2단 아홉수의 중심수가 된다.

하도(河圖) 그림을 보면 10(●●●●●●●●●●)이 5(○○○○○)와 함께 중심에 있다. 10이하 두 자리 수를 한 자리로 바꾸면 10은 1이 되고 12는 3이 되며 14는 5, 16은 7, 18은 9다. 두 자리 수를 한 자리로 바꿀 때는 두 정수를 그대로 더하기를 한다. 즉, 10은 1+0이고 12는 1+2를 한다. 이렇게 하여 2단을 모두 1자리로 통일을 하면 아래와 같다.

2 4 6 8 1 3 5 7 9

이렇게 하면 무엇이 보이는가? 좌는 2, 4, 6, 8 지수(地數)요, 우측에 있는 1, 3, 5, 7, 9는 천수(天數)다. 좌는 음이고 우는 양이니 2, 4, 6, 8은 음수(陰數)이고 1, 3, 5, 7, 9는 양수(陽數)다.

다음은 2, 4, 6, 8, 1, 3, 5, 7, 9를 앞에서부터 셋 씩 묶는다. 즉, 2, 4, 6과 8, 1, 3 그리고 5, 7, 9의 자연수 집합이다.

이 번 예는 세 개의 집합에서 세 번째에 해당 되는 수 6, 3, 9를 위(上)로 자리 변동하여 (그림1)과 같이 세 개의 삼각형(△)을 만든다.

(그림1)

세 개의 삼각형이 되었다. 이 번 예는 같은 위치에 있는 꼭짓점 숫자 끼리 자연수집합이다. 그러면 이렇게 된다. 6, 3, 9와 2, 8, 5 그리고 4, 1, 7이 된다. 이것을 1, 2, 3순으로 자리를 바꾼다. 그렇게 했을 때 6, 3, 9는 3, 6, 9로 2, 8, 5는 2, 5, 8로 4, 1, 7은 1, 4, 7이다. 1, 4, 7과 2, 5, 8 그리고 3, 6, 9를 마방진처럼 위치를 바꾼 것이 (그림2)이며 (그림3)은 마방진이다.

```
1  4  7        4  9  2
2  5  8        3  5  7
3  6  9        8  1  6
  (그림2)         (그림3)
```

(그림2)를 '十'자 '×'자로 더하기를 하면 '15'다. (그림3) 마방진은 거북이 등에 그려진 낙서수로 '十'자와 '×'자 뿐만이 아니라 어느 방향으로 더하기를 해도 '15'다.

(그림2)를 횡(橫)으로 읽은 1, 4, 7과 2, 5, 8 그리고 3, 6, 9가 천수삼합(天數三合)이며 종(縱)으로 읽으면 1, 2, 3과 4, 5, 6그리고 7, 8, 9다. 천수삼합은 천지지수삼합(天地之數三合)을 줄인 말이다.

다음은 3단이다.

    3 6 9 12 15 18 21 24 27

여기서 1자리 수만 옮긴다. 즉, 12는 '2' 15는 '5'가 1자리다. 이렇게 하여 3단 1자리만 옮긴 것이 ①이다.

    3 6 9 2 5 8 1 4 7 …… ①

다음은 7단이다.

    7 14 21 28 35 42 49 56 63

7단을 3단과 같은 방법으로 1자리 수만 옮긴 것이 ②다.

    7 4 1 8 5 2 9 6 3 …… ②

(그림4)는 ①과 ②를 그대로 옮긴 것이다.

   →
  3 6 9 2 5 8 1 4 7 …①
  7 4 1 8 5 2 9 6 3 …②
      (그림4)   ←

화살표 방향으로 읽으면 3,6,9·2,5,8·1,4,7 천수삼합이 꼬리를 물고 돌고 있다.

(그림2),(그림3)을 중심수 5를 빼고 '十'자와 'X'자로 더하기를 하면 모두 '10'이고 (그림4)도 위(上)·아래(下)더하면 '10'이며 3단과 7단에서 3과7을 더하기를 해도 10이다. 그 10이 무엇인가? '0'과 '1'의 집합으로만 볼 것이 아니다. '0'은 '○'이며 '1'은 'i'이다. 그 'i'는 'I'이며 'i'를 파자하면 '●+1'이고 1+●은 '10'이다. 그 '10'을 이렇게 읽을 수 있다. '내공'. '1'은 '나(I)'이기 때문이다. 여기서 '0'은 '空'속에 '功'으로 '德'과 합이 '功德'이다.

천수삼합을 다른 방법으로 정리를 하지 않아도 그대로 1,4,7·2,5,8·3,6,9 천수삼합을 보여 주고 있는 것이 3과7단이다. 천수삼합은 앞으로 수리학을 연구하는데 훌륭한 기초자료로 쓰일 것으로 믿는다.

수필춘추 2012년 겨울호 게재

2. 153과 천수삼합
삼일로 天數三合이 탄생하기 까지

    삼일로는 서울시 도로명 삼일로(三一路)도 아니요 경기도 안산시 삼일로도 아닌 3(셋)이 1(하나)란 뜻이다.
    사주학에 삼합(三合)이 있듯이 한국 음식 중 하나인 삼합도 있다. 전라도 음식으로 홍탁삼합(洪濁三合)이 그것이다. 홍어와 돼지고기를 김치 위에 얹어 먹는 것으로 막걸리를 곁들이면 찰떡궁합이라고 한다.
    이와 같이 주역(周易)의 낙서수(洛書數)에 해당되는 1, 2, 3, 4, 5, 6, 7, 8, 9 아홉수를 셋씩 짝을 지어 묶어 보았다. 우선 3·6·9는 자연스럽게 나왔다. 나머지 1, 2, 4, 5, 7, 8을 어떻게 셋으로 묶을까. 제일 먼저 떠오르는 것이 2·4·8이었다. 2·4·8은 양의(兩儀)·사상(四象)·팔괘(八卦)로 연결되기 때문이다. 이렇게 되면 나머지는 1·5·7이 된다. 이렇게 정리한 것이 (그림1)이다.

1	5	7
2	4	8
3	6	9

(그림1)

    (그림1)을 세로줄(縱線)로 읽으면 1·2·3, 5·4·6, 7·8·9가 된다. 여기서 중앙에 있는 5·4·6을 5와 4의 자리를 서로 바꾸어 보았다. 그 이유는 (그림1)을 가로줄(橫線)로 읽

으면 1·5·7은 모두 양수(陽數)이고 2·4·8은 음수(陰數)로만 치중되기 때문이다. 그래서 (그림2)와 같이 4와5의 자리를 바꾸어 5가 중심 수(中數)가 되도록 했다.

이와 같이 하면 '十'자와 '×'자로 5를 중심이 되어 '十'자 '×'자로 마방진수 15가 된다(마방진은 '十'자 '×'자 뿐만이 아니라 어느 방향으로 읽어도 15이다).

1	4	7
2	5	8
3	6	9

(그림2)

(그림2)를 가로줄로 읽으면 1·4·7, 2·5·8, 3·6·9가 천수삼합이요, 세로줄로 읽으면 1, 2, 3, 4, 5, 6, 7, 8, 9順이다.

(그림3)은 (그림2)천수삼합을 양의(兩儀)의 괘를 적용 팔괘(八卦)를 만들어 본 것이다. 1·4·7 이괘(離卦:☲)인 경우는 위에서 아래로 또는 아래에서 위로 양수(陽數)는 양효(陽爻:─)를 음수(陰數)는 음효(陰爻:--)를 대입한 것이다.

1	4	7	☲(離:3)
2	5	8	☵(坎:6)
3	6	9	☲(離:3)

(그림3)

1·4·7과 3·6·9는 이괘(離卦)로 자연에서 불(火)이며 수리(數理)는 3이다. 2·5·8은 감괘(坎卦)로 물(水)이며 수리는 6이다.

하도(河圖)와 낙서수(洛書數)로 천수삼합 성립관계를 (그림4)에 의하여 살펴본다.

```
        1   2   3   4   5    生數(생수)
        6   7   8   9   0(10) 成數(성수)
오행    水  火  木  金  土
              (그림4)
```

(그림4)에서 1·4·7을 보자. 1과4는 生數에 자리하고 있고 7은 成數 자리에 있는데 1과 4와 7을 삼각형을 그려 그대로 옮긴 것이 (그림5)이다. (그림5)의 위(上)1, 2, 3, 4는 (그림4)의 1에서 4까지이며 아래(下)7은 성수 이다. 이렇게 하여 (그림5)의 1·4·7은 생수 넷(1·2·3·4)과 성수 하나(7)로 다섯(5)의 천지수(天地數)집합이다.

```
        1  2  3  4
              7
          (그림5)
```

이와 같은 방법으로 2·5·8과 3·6·9를 정리 한 것이 (그림6)이다.

```
    2  3  4  5            3
          8           6  7  8  9
              (그림6)
```

(그림7)은 (그림5)와 (그림6)에서 홀로 떨어져 있는 '7', '8', '3'을 뺀 나머지 4자리 숫자를 옮긴 것이다.

```
1 2 3 4
2 3 4 5
6 7 8 9
```
(그림7)

   (그림7)의 가로 숫자를 더하면 마지막 남는 수가 153이 되는데, 이는 아래와 같은 방법으로 두 자리(십 자리)를 1자리로 바꾼 것이다.

$$1+2+3+4=10 \rightarrow 10=1(1+0)$$
$$2+3+4+5=14 \rightarrow 14=5(1+4)$$
$$6+7+8+9=30 \rightarrow 30=3(3+0)$$

합 153(1+5+3)

   153은 1에서 17까지 더하기를 한 수(1+2+3+…15+16+17=153)이며, 여기서 17은 구구표에 나오는 모든 수를 1, 3, 5, 7, 9, 11, 13, 15, 17 홀 수 아홉수의 피라미드수이기도 하다. 153은 1+5+3=9가 된다.
   이렇게 하여 최종 1, 2, 3, 4, 5, 6, 7, 8, 9의 삼합 1·4·7, 2·5·8, 3·6·9가 탄생하였다.

※천수삼합은 天地之數三合을 줄인 말로 필자가 증명한 새로운 주역 용어이다. 앞으로 구구표와 주역의 수리학 관계를 이해하는데 중요한 역할을 할 것이다. 153은 요한복음 21장에 나오는 數로 1, 2, 3, 4, 5生數 중 天數(하늘의 수) 1, 3, 5로 參天兩地에서 參天에 해당 된다.

3. 구구표와 천수삼합

구구표에서 천수삼합은 81(9×9)방에서 각각 7자리 49(7×7)방만 필요하다. 먼저 1·4·7을 보자. (그림1)은 구구표에서 1, 4, 7 자리인 1단 에서 7단까지 1, 2, 3, 4, 5, 6, 7 부분만 옮겨 온 것이다.

1	2	3	**4**	5	6	**7**
2	4	6	8	10	12	14
3	6	9	12	15	18	21
4	8	12	**16**	20	24	**28**
5	10	15	20	25	30	35
6	12	18	24	30	36	42
7	14	21	**28**	35	42	**49**

(그림1)

(그림1)의 중심수(中數)는 16이다. 16을 중심으로 하여 십자(十)를 이루는 정수가 4와 28이다(고딕 글자참조). 1자리인 우측상단 및 좌측 하단 7과 우측하단 49는 하나의 정시각형이며 중심수 16과 十(십)자를 이루는 부분을 그대로 옮기면 (그림2)와 같이 田(밭 전)자가 된다.

1	4	7
4	16	28
7	28	49

(그림2)

1	4	7
4	7	1
7	1	4

(그림3)

(그림2)에서 두 자릿수 16, 28, 49를 한 자리수로 바꾼 것이 (그림3)이다 (두 자릿수를 한 자리로 바꾸는 방법은 한 자리가 나올 때 까지 더하기를 한다).

(그림3)을 종·횡으로 읽으면 1, 4, 7·4, 7, 1·7 ,1, 4가 된다. 4, 7, 1이나 7, 1, 4도 자연수 끼리 순서만 바뀌었지 1, 4, 7이다. ×자형으로 읽으면 1, 4, 7(1, 7, 4)과 7, 7, 7이다.

다음은 2·5·8이다. (그림4)는 같은 방법으로 2, 5, 8자리만 옮긴 것이다.

2	3	4	5	6	7	8
4	6	8	10	12	14	16
6	9	12	15	18	21	24
8	12	16	20	24	28	32
10	15	20	25	30	35	40
12	18	24	30	36	42	48
14	21	28	35	42	49	56

(그림4)

(그림4)의 중심수는 20이다. (그림4)를 (그림2)(1·4·7)와 같은 방법으로 정리를 한 것이 (그림5)이다. (그림6)은 (그림5)의 두 자릿수를 한 자리 수로 바꾼 것 이다. (그림6)을 종·횡으로 읽으면 2, 5, 8·8, 2, 5·5, 8, 2로 순서만 바뀐 것이지 2, 5, 8이다. ×자로 읽으면 2, 5, 8(8, 2, 5)과 2, 2, 2이다.

2	5	8
8	20	32
14	35	56

(그림5)

2	5	8
8	2	5
5	8	2

(그림6)

마지막으로 3,6,9다. (그림7) 역시 같은 방법으로 3,6,9자리만 옮긴 것이다.

3	4	5	**6**	7	8	**9**
6	8	10	12	14	16	18
9	12	15	18	21	24	27
12	16	20	**24**	28	32	**36**
15	20	25	30	35	40	45
18	24	30	36	42	48	54
21	28	35	**42**	49	56	**63**

(그림7)

(그림8)은 1,4,7·2,5,8과 같은 방법으로 정리를 한 것이다. (그림9)는 (그림8)의 두 자릿수를 한자리수로 바꾼 것이다. (그림9)를 종선(縱線)으로 읽으면 333·666·999이고 횡선(橫線)으로 읽으면 3,6,9이다.

'十'자로 읽으면 6·6·6과 3·6·9가 되고 '×'자로 읽으면 3·6·9이며 3·6·9를 모두 더하기를 하면 '18'로 '9(1+8)'가 된다. 또 하나의 3·6·9가 있다. (그림1)의 역(逆)'ㄴ'자로 구구표 3×3=9자리에 있다.

3	6	9
12	24	36
21	42	63

(그림8)

3	6	9
3	6	9
3	6	9

(그림9)

총정리를 하면 ×자로 읽으면 1·4·7은 '777'이 나왔고, 2·5·8은 '222'를 3·6·9는 모두 3·6·9인데 종으로 읽으면 333·666·999이다. 3·6·9는 천지인(天地人) 3위로부터 용구용육(用九用六)을 이룬다.

4. 1·4·7천수삼합

한국인이 숫자 '3'을 좋아 하는 것처럼 그 나라 문화에 따라 '7'이나 8을 행운의 숫자로 생각할 수도 있다.

나도 한국인이라 주역의 숫자를 공부 하면서 1, 3, 5, 7 숫자는 금방 친숙해 지고 눈에 들어오는데 '4'는 그다지 매력을 못 느꼈다. 4(사)가 '넷'이고 '네모'가 4에서 나왔다는 생각을 하지 않고 그냥 다른 사람처럼 나 역시 死(죽을 사)로만 들렸다. 그 4가 바로 내가 살고 있는 땅(地)이라는 생각을 전혀 하지 않았다는 것이다. 숫자 4는 오행에서 金이다. 金은 4계에서 가을이다. 색깔도 白(하얀 빛깔)으로 4黑싸리가 아니다. 오행에서 겨울은 1이며 색깔이 黑(검은 빛)이다. 물(水)이 생명이라고 하는데 그 물이 1이고 黑이다. 4를 마치 '흑싸리 껍데기' 정도 취급을 받아와도 그 4는 말이 없었다. 하도의 음양오행의 상생원리를 응용한 간지법(干支法:後天數라고도 함)에서는 4가 火이기도 하다. 火는 색깔이 赤(빨강)이니 4는 오행에서 어디를 봐도 黑이 아니다.

주역에서 7은 3과 2와 함께 중요한 수다. 9가 '완성의 수'라면 7은 1·4·7의 '완전수'다. 대성괘(大成卦=64卦)는 여섯 개의 효로 구성되었기 때문에 육(六)이 극한이다. 극한에 도달하면 7에 가서 다시 처음으로 복귀한다. 즉, 1, 2, 3, 4, 5, 6에서 7의 자리는 다시 1의 자리로 되돌아간다는 뜻이다.

한 때 노스트라다무스(1503-1566)가 썼다는 '1999년 7월'이란 책이 지구 종말의 예언서라는 허무맹랑한 낭설이 나돌아 책이 불티나게 팔린 적이 있다. 7월이 바로 주역에서 '7'이고 1999앞에 '1'은 구구표에서 '1'의 자리이며 999는 666과 대응되는 숫자로 9×9=81이고 '9'일 뿐이다. 이는 곧 구구표81방의 81(=9×9)로부터 중심4각 아홉수가 역(逆)기역(┌)을 이루는 1,2,3,4,5,6,7,8,9 낙서 아홉수(=1단)와 화살표(╲)를 이루고 있는 것과 같다.

한자 숫자 四를 자세히 보면 아리비아 숫자 4가 서로 마주보고 있는 형상이라는 것을 알 수가 있다. 四의 중앙을 세로로 자르면 '4'가 서로 마주 보고 있다. 4가 둘이니 '8'이란 뜻이고 그 8은 4상에서 나온 8괘다.

하도수(河圖數)에서 4는 2다음에 오는 생수(生數=體)이며 구구표에서는 2×2=4이다.

(그림1)은 구구표3×3=9방에 낙서마방진(洛書魔方陣)을 대입한 것이다. 괄호숫자가 낙서수이다.

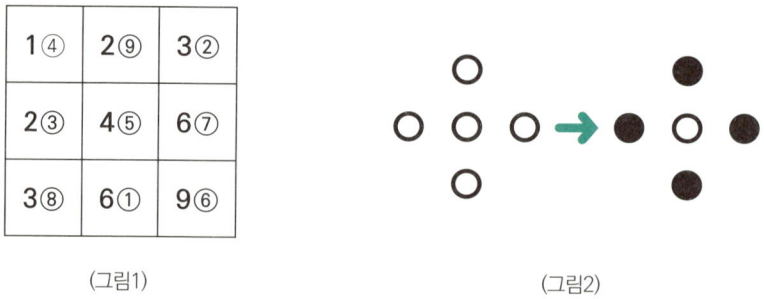

(그림1)   (그림2)

(그림1)에서 4는 구구표 2×2=4가 田(밭 전)를 이루어 낙서수 5(⑤)와 짝을 이루었으며 구구표 처음 수 1은 낙서수 4(④)와 짝이다. 1과4, 4와5는 하도생수(河圖生數)로 음수와 양수로 짝이다. (그림2)는 하도낙서(河圖洛書)의 중앙에 위치한 흰점 다섯을 1과4로 나누어 나타낸 것이다.

(그림1)은 2×2=4로 田자에 1이 포함되고 (그림2)는 1(○)과 十자로 2(●●)가 짝을 이루어 4가 되었으니 여기서 3이 빠졌다. 그 3은 1(○)과 2(●●)가 하나가 되어 1, 2, 3삼극(三極=三位)으로 4와 고리를 이룬 것이다.

(그림3)은 구구표에서 1, 4, 7의 자리를 알아보기 위하여 그 부분만 옮긴 것이다.

1	2	3	4	5	6	7
2	4	6	8	10	12	14
3	6	9	12	15	18	21
4	8	12	16	20	24	28
5	10	15	20	25	30	35
6	12	18	24	30	36	42
7	14	21	28	35	42	49

(그림3)

'ㄱ'자로 가로선 1, 2, 3, 4, 5, 6, 7의 중심 수는 '4'이며, 세로선 중심 수는 28이다. 4와 28을 기준으로 하여 十자의 중심에 만나는 수가 '16'이다. 16은 '1'과 '6'으로 자연수 합이 '7'이다.

16을 중심으로 十자를 이룬 처음 수 '4'와 중심 수 '16'의 자릿수 근7(16을 1자리로 바꾸면 1+6=7)'을 곱하기를 해도 끝수가 28이 된다(4×7=28).

다음은 十자를 이루는 4, 8, 12, 16, 20, 24, 28의 총합은 112다. 112를 자연수 그대로 더하면 '4'다(1+1+2=4).

중심 수 16은 16방위이며 8괘(4×4=16방위. 4+4=8괘)이다. 28은 2와 8을 더하기를 하면 1(10)이고 4×7은 4와 7이며 이 때 4는 1에서 7까지 중심수다. 7×7=49의 두 자연수를 더하면(4+9)13이며 13의 자릿수 군은 4이다(1+3=4).

※ 참고 : 천수삼합속에 삼합의 변화

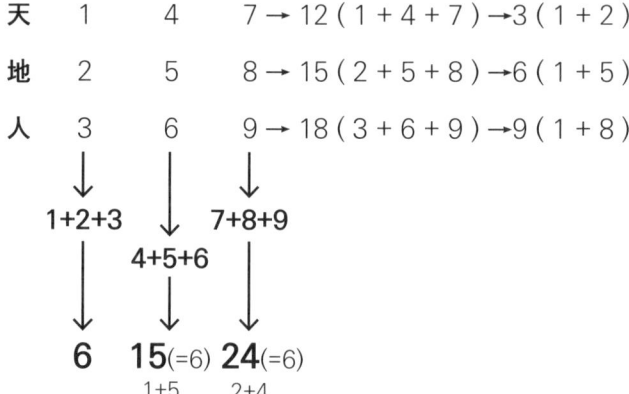

천수삼합 1·4·7은 처음 수 1에 3을 더하기를 하고(1+3=4) 그 합(4)에 3을 더하기를 하여 7이다(4+3=7). 2·5·8과 3·6·9도 이와 같은 방법으로 앞에서부터 3을 더하기를 하여 나간 수이다. 천지인(天地人) 1, 2, 3으로부터 종선(縱線)과 횡선(橫線)의 수의 변화를 읽을 수 있다.

5. 2·5·8천수삼합

(그림1)은 구구표에서 2·5·8 부분만 옮긴 것이다.

2	3	4	5	6	7	8
4	6	8	10	12	14	16
6	9	12	15	18	21	24
8	12	16	⑳	24	28	32
10	15	20	25	30	35	40
12	18	24	30	36	42	48
14	21	28	35	42	49	56

(그림1)

(그림2)는 (그림1)의 중심수(中數) 20에서 ┼자를 이루는 부분이다 (그림1: 고딕체이며 괄호숫자는 중심수).

2	5	8
8	⑳	32
14	35	56

(그림2)

(그림2)의 중심수 20과 ┼자를 이루는 중심세로줄(縱線)은 (그림1)에서 다음과 같다.

5　10　15　⑳　25　30　35

　중심수 20을 기준으로 하여 왼쪽(左側) 5, 10, 15, 20을 모두 더하기를 하면 50으로 자릿수 근은 '5'다(5+0=5). 중심수 20의 자릿수 근은 '2'다 (2+0=2).
　중심수 20을 기준으로 하여 오른쪽(右側)은 20+25+30+35=110으로 자릿수 근은 '2'(1+1+0=2)가 되며 중심 세로선 5+10+15+20+25+30+35를 모두 더하기를 하면 140이다. 140의 자릿수 근은 5다.

　중심 세로줄(縱線) 3개의 중심수 5,20,35의 자릿수 근은 5,2,8이고 (그림 2)를 자릿수 근으로 바꾸어 가로와 세로줄을 더하기를 하면 2·5·8이다.

　이번에는 중심 가로줄(橫線)을 보자. 중심 가로줄(橫線)은 이렇다.

8　12　16　⑳　24　28　32

　중심수 20을 기준으로 좌측은 8, 12, 16, 20의 합은 56이므로 자릿수 근은 '2'다.
　중심수 20을 기준으로 우측 20, 24, 28, 32의 합은 104이니 자릿수 근은 '5'다.
　중심 가로줄(橫線)의 8, 12, 16, 20, 24, 28, 32를 모두 더하기를 하면 140으로 중심종선(縱線)과 같다. 즉, 중심종선 5, 10, 15, 20, 25, 30, 35의 총합이나 중심횡선 8, 12, 16, 20, 24, 28, 32의 총합이 같다는 것이다.

가. 중심수 2·5·8

낙서수(洛書數) 1, 2, 3, 4, 5, 6, 7, 8, 9에서 2는 1, 2, 3의 중심수이고 5는 1에서 9까지 중심수이다.

구구표 81방의 중심수는 2와 5 자연수 집합의 25이다. 8이 중심수가 되는 것은 아래와 같이 1에서 15가지의 수(數)이다.

1 2 3 4 5 6 7 ⑧ 9 10 11 12 13 14 15

15는 1에서 5까지 더하기를 한 수이며 1, 3, 6, 10, 15 다섯(5) 번째 3각수이다.

(그림1)은 천수삼합과 낙서마방진으로 괄호숫자가 마방진이다.

1④	4⑨	7②
2③	5⑤	8⑦
3⑧	6①	9⑥

(그림1)

낙서마방진은 2·5·8이 'x'자에서 '／'사선에 위치하고 천수삼합은 '十'자에서 가로선 중앙(一)에 있다.

낙서마방진은 가로·세로, '十'자 'x'자 어느 방향으로 더해도 15가 되지만 천수삼합은 '十'와 'x'자만 가능하며 1·4·7, 2·5·8, 3·6·9 천수삼합에서 2·5·8만 15가 된다.

(그림2)는 하도수(河圖數) 오행(五行)이다.

生 數	1	2	3	4	5
成 數	6	7	8	9	10
五 行	水	火	木	金	土

(그림2)

(그림1)과 (그림2)를 보면 천수삼합과 낙서마방진이 1·6 水, 2·7 火, 3·8 木, 4·9 金이 짝을 이루고 5·10 土는 5·5짝으로 土다.

천수삼합 1은 낙서수 4와 짝이고, 천수삼합2는 낙서수 3과 짝이 되어 삼천양지(參天兩地)를 이루고 있으며, 천수삼합8은 낙서수7과 짝이 되어 15가 되며(7+8), 천수삼합9는 낙서수 6과 짝을 이루어 8자 즉, 태극(☯)을 이룬다.

※ 참고 : 중심수 n공식은 ½(n+1)이다. 조건은 n이 홀수일 때이다.

나. 天符經과 2·5·8

낙서마방진(洛書魔方陣)과 천수삼합(天數三合)에서 2·5·8은 (그림1)과 같다.

4	9	**2**
3	5	7
8	①	6

(洛書魔方陣)

①	4	7
2	5	**8**
3	6	9

(天數三合)

(그림1)

낙서마방진은 ＋자와 ×자, 종횡(縱橫)어디로 더하기를 해도 합이 15가 되지만, 천수삼합은 ＋자와 ×자로만 15가 되는 마방진이다. 낙서마방진과 천수삼합에서 2·5·8은 ＋자와 ×자로 다른 방향에서 자리를 잡고 있다 (그림1:고딕글자 2·5·8참조).

천수삼합은 1,2,3에 각각 3을 더하여 1·4·7, 2·5·8, 3·6·9를 이루는데 1·4·7의 합은 12이고, 2·5·8은 15이며,3·6·9는 18이다(1·4·7천수삼합인 경우 1+3=4→ 4+3=7. 1+4+7=12). 따라서 1·4·7, 2·5·8, 3·6·9의 합 12, 15, 18의 첫 자리(=1자리)는 2·5·8이며, 12, 15, 18의 각각의 두 자연수를 더하기를 하면 3(1+2)·6(1+5)·9(1+8)이다. 여기서 1, 2, 3, 4, 5하도선천수의 합이 되는 15가 2, 5, 8의 합이며 4, 5, 6의 합이다. (그림2)는 천부경81자를 구구표81방(方:□) 4, 5, 6단에 대입했을 때 구구표 12, 15, 18자리에 오는 천부경 숫자다(괄호漢字가 天符經이다).

4(三)	8(天)	12(二)	16(三)	20(地)	24(二)	28(三)	32(人)	36(二)
5(三)	10(大)	15(三)	20(合)	25(六)	30(生)	35(七)	40(八)	45(九)
6(運)	12(三)	18(四)	24(成)	30(環)	36(五)	42(七)	48(一)	54(妙)

(그림2)

1·4·7, 2·5·8, 3·6·9의 합 12, 15, 18은 구구표에서 3단 3×4=12, 3×5=15, 3×6=18이다(그림2: 좌측 청색부분). 3과 합하여 10을 이루는 7단 (3+7=10)의 7×4=28, 7×5=35,7×6=42(우측 청색분분)은 1자리가 3단과 역(逆)으로 2·5·8이다.

구구표에서 25(5×5)는 다섯 째 4각수로 중심수자리에 천부경에서 6이 있어 구구표 중심선으로 천부경이 三과 九가 같이 하여 3·6·9천수삼합

(그림2: 회색부분)을 이루고 있다. 앞의 三(3)은 5단의 5×1이며 뒤에의 九(9)는 5×9=45와 함께 하고 있다.

구구표81방에서 (그림1)과 같이 3×3=9와 같은 방(方)을 이루는 중심수가 4(2×2)이며, 15방(5×5)의 중심수는 9(3×3)이다. 중심수 4를 이루는 2×2와 중심수 9를 이루는 3×3에서 곱셈부호 '×'를 빼면 좌우2(:2)와3(:3)이 된다. 2와3의 합이 5이며 25는 5×5이기도 하지만 2와5 두 자연수의 집합이다.

(그림2)를 보면 구구표 12,15,18(좌측 청색부분)에 천부경 二, 三, 四가 함께 하고 맨 아래 구구표6단에 천부경은 '運三四成還五七一妙(운삼사성환오칠일묘)'이다.

0, 1, 2, 3, 4, 5, 6, 7, 8, 9에서 8자에 없는 수가 1, 2, 4, 5, 7이다. 1, 2, 4, 5, 7을 1, 2, 3, 4, 5의 1, 3, 5천수(天數)에 대입을 하면 이렇다(괄호숫자는 天數자리에 있는 숫자).

①, 2·④, 5, ⑦

괄호숫자는 1·4·7이고 2와 4 자리에 2와 5가 있어 (그림1)에서 2·5·8이다. (그림1)천수삼합을 보면 1·4·7아래로 2·5·8이 고리를 물고 3·6·9와 만나 9×9=81이다.

2·5·8은 1(天)다음에 오는 2(地)가 3(人)과 합하여 천지인(天地人) 삼극(三極)을 이루는데 2+3을 하여 5가 되고 여기서 다시 3을 더하여 8이다(5+3=8).

2와 3은 1, 2, 3, 4, 5에서 1, 2, 3천수 셋과 2와 4지수 둘로 3과 2는 수(數)의 시원(始原)으로 3(參天:삼천)+2(兩地:양지)=5다.

다.12지(十二支)와 2·5·8

(그림1)은 십이지(十二支) 도표이다.

地支	자	축	인	묘	진	사	오	미	신	유	술	해
數里	1	2	3	4	5	6	7	8	9	10	11	12
陰陽	+	-	+	-	+	-	+	-	+	-	+	-
五行	水	土	木	木	土	火	火	土	金	金	土	水

(그림1)

십이지의 2·5·8은 오행에서 土(토)다. 지지(地支=十二支)에서 土를 진술축미(辰戌丑未)라 하는데 앞에서부터 진(5)술(11)은 양토(陽土), 축(2)미(8)는 음토(陰土)이다.

(그림1) 지지(地支)에서 하도수의 오행을 보면 자(子:1))는 水이고 축(丑:2)은 土이며, 인(寅:3)과 묘(卯:4)가 木이고, 사(巳:6)와 오(午:7)가 火이며, 신(申:9)과 유(酉:10)가 金이다. 이를 (그림2)의 하도수 오행과 비교를 해본다(괄호숫자 ① ③ ⑦ ⑨ 는 十二支에서 하도와 五行이 같은 것이다).

	1	2	3	4	5	生數(생수)
	6	7	8	9	10	成數(성수)
오행	水	火	木	金	土	

	1	2	3	4	5
+	5	5	5	5	5
합	6	7	8	9	10

(그림2)

(그림2)의 성수(=後天數)는 생수(=先天數)1, 2, 3, 4, 5에 5를 더하기하여 6, 7, 8, 9, 10이다. 2·5·8의 2는 땅(地)이고 5는 2+3이며, 5×5는 81방(□)중심수25이고 5와10으로 土다.

6. 3·6·9천수삼합

3·6·9게임이 있다. 1부터 숫자를 이어가되 3·6·9가 들어가는 숫자가 나오면 숫자를 말하지 않고 박수를 치거나 다른 행동을 하는 놀이다. 그 3·6·9가 주역에서 무엇인가.

3단	3	6	9	12③	15⑥	18⑨	21③	24⑥	27⑨
6단	6	12③	18⑨	24⑥	30③	36⑨	42⑥	48③	54⑨
9단	9	18⑨	27⑨	36⑨	45⑨	54⑨	63⑨	72⑨	81⑨

(그림1)

(그림1)은 구구표의 3·6·9단이며 괄호숫자는 자릿수 근이다.

3단은 3·6·9 순열(順列)이고 6단은 6·3·9순열이며 9단은 9순열이다. 이것을 순열부분만 옮기면 (그림2)와 같이 된다.

3	6	9
6	3	9
9	9	9

(그림2)

(그림2)에서 3을 기준으로 하여 가로와 세로로 읽으면 3·6·9, 6·3·9, 9·9·9이며 더하기를 하면 18(3+6+9=18)과 27(9+9+9=27)이다. 18과 27의 1자리로 바꾸면(자릿수 근) '9'이다. (그림3)은 3·5·7단이다. 합(合)의 괄호숫자는 자릿수 근이다.

3단	3	6	9	12	15	18	21	24	27
5단	5	10	15	20	25	30	35	40	45
7단	7	14	21	28	35	42	49	56	63
합	15⑥	30③	45⑨	60⑥	75③	90⑨	105⑥	120③	135⑨

(그림3)

3·5·7단을 3·6·9단과 같은 방법으로 하면 6·3·9순열이다.

(그림3)의 3·5·7단의 시작수 3,5,7의 합 15부터 30,45,60…120,135는 15단의 15×9까지다. 음수 2·4·6단을 양수3·5·7단 같은 방법으로 할 경우 최종 자릿수 근은 3·6·9순열이 된다. (그림4)는 음수 2·4·6·8단의 합과 자릿수 근이며 20단으로 180은 20×9이다.

합	20	40	60	80	100	120	140	160	180
근	2	4	6	8	1	3	5	7	9

(그림4)

2,4,6,8지수(地數)와 1,3,5,7,9천수(天數)순이다. 그렇다면 양수3·5·7·9단은 어떤 결과가 나오는가. 24단 1에서 9까지다. 즉,24×1=24에서 24×9=216까지이며 자릿수 근은 6·3·9순열이다. 주역에서 생수 1에서 5까지의 구구표 합 또한 6·3·9 순열이며 성수 6·7·8·9의 구구표를 같은 방법으로 합하면 3·6·9순열이다. 그렇다면 그 3·6·9는 무엇인가?

8을 세로로 수직으로 자르면 '3'이 둘이다. 이번에는 8을 가로로 자르면 어떻게 될까. 'O'이 둘이다. 3·6·9에서 '6'과 '9' 자연수를 결합하면 '69(=⑧)'

가 된다. 그 '69'는 '8'속에 있다. '96'도 마찬가지로 '8'이다. 그러니까 '8'자 속에는 숨은 숫자가 이렇게 된다.

3 · 6 · 8 · 9 · 0

1, 2, 3, 4, 5, 6, 7, 8, 9, 0에서 8자속에 들어있는 숫자를 빼고 나면 아래 숫자가 남는다.

1 · 2 · 4 · 5 · 7

1, 2, 3, 4, 5, 6, 7, 8, 9, 10에서 팔자에 있는 수와 없는 수가 다섯(5)과 다섯(5)이다. 필자가 8자의 모양을 보고 그럴듯하게 짜서 맞춘 것처럼 보일 수도 있다. 과연 그럴까? 다음은 8자에 없는 다섯 수를 편의상 1·4·7을 괄호 숫자로 나타냈다.

① 2 ④ 5 ⑦

무엇인가? 1·4·7천수삼합과 2·5·8에서 '8'이 빠진 2·5·8천수삼합이다. 따라서 사람은 십자(十字)가 아닌 팔자(八字)이다. 그런데 2·5·8의 팔자는 八字가 아닌 8자이다. 8자는 돌기 때문이다.

가. 3·6·9와 8자

 같은 날짜의 일간신문에 출판계에서 신화를 낳은 여성대표가 거액의 횡령으로 구속되고, 가전제품발명으로 잘나갔던 대표가 몰락했다는 내용이 보도가 되었다. 두 사람 모두 한 때는 많은 사람들에게 부러움과 존경의 대상이었다. 이것은 사례의 하나일 뿐이다. (그림1)은 구구표81방(方:□)이다. 청색 부분의 괄호숫자 ① ② ③…⑦ ⑧ ⑨는 천수삼합(天數三合)이다.

1①	2②	3③	4	5	6	7	8	9
2④	4⑤	6⑥	8	10	12	14	16	18
3⑦	6⑧	9⑨	12	15	14	21	24	27
4	8	12	**16**	20	24	28	32	36
5	10	15	20	**25**	30	35	40	45
6	12	18	24	30	**36**	42	48	54
7	14	21	28	35	42	**49**	56	63
8	16	24	32	40	48	56	**64**	72
9	18	27	36	45	54	63	72	**81**

(그림1)

 구구표81 큰 방(□)을 3×3=9방(청색부분)과 같이 나누면 모두 아홉 구역이 되는데, 청색부분은 1구역이 된다.

구구표81방은 1단(1, 2, 3, 4, 5, 6, 7, 8, 9)아홉수와, 9단(18, 27, 36, 45, 54, 63, 72, 81)여덟 수가 'ㄱ'과 'ㄴ'자로 큰 방(方)'口'자를 만들고, 1구역(청색부분)은 1·2·3천지인(天地人)과 3·6·9천수삼합(天數三合)이 'ㄱ'과 'ㄴ'자로 9방(口) 이다. 1단 아홉수와 9단 여덟 수의 합17(9+8)은 구구표(그림1)에서 1, 3, 5, 7, 9, 11, 13, 15, 17의 피라미드 아홉수이기도 하다(1, 3, 5, 7, 9, 11, 13, 15, 17을 모두 더하면 81이다).

1구역(청색부분)의 괄호숫자①에서⑨까지를 가로줄(橫線)로 읽으면 1, 2, 3 순(順)으로 9까지이며, 세로줄(縱線)로 읽으면 1·4·7, 2·5·8, 3·6·9천수삼합이다. 여기서 구구표 세로줄 3·6·9는 3·6·9천수삼합이 같이 만났다.

1구역(청색부분) 1·4·9와 대각선(╲)으로 연결되는 16, 25, 36, 49, 64, 81 아홉수를 4각수라 하며 구구표81방에서 중심수이다. 1, 4, 9, 16, 25, 36, 49, 64, 81중심수를 좌우(左右)로 같은 수가 대칭이니 구구표는 중심수로부터 좌우(左右) 어느 한쪽만 사용가능 하다.

구구표의 3×3=9방(口:청색부분)을 보면 1, 2, 3, 4, 5, 6, 7, 8, 9 아홉수에서 빠진 수가 5·7·8셋이다. 여기서 5와 7은 천부경(天符經)에서 '運三四成還五七(운삼사성환오칠)'에 나오는 숫자이기도 하다.

1구역 구구표에서 빠진 5는4와 함께 중앙에 위치하였고(4 ⑤), 7은 3과 자리를 같이 하고 있다(3 ⑦). 여기서 3은 3단이며, 7은 7단이다. 3단과 7단의 첫 자리(1자리)는 3·6·9·2·5·8·1·4·7천수삼합으로 아래와 같이 순역(順逆)한다. 위·아래 더하기를 하면 합이 10이다(그림1의 3단과 7단 참조).

→
3 6 9 2 5 8 1 4 7······3단 1자리
7 4 1 8 5 2 9 6 3······7단 1자리
←

1구역 구구표와 천수삼합의 중심수가 되는 4⑤를 더하기를 하면 9가 되며, 여기서9는 구구표25(5×5)방의 중심수가 되고(9⑨) 9×9=81이다. 1구역 구구표에서 세로줄3·6·9는 천수삼합 3·6·9와 만나지만, 가로줄 3·6·9는 7·8·9성수(成數)와 만난다. 여기서 7을 뺀 3·6·9는 8자에 있는 숫자다.

(그림2)는 (그림1)의 9단(회색표시)을 십 자리와 첫 자리(1자리)를 위·아래로 늘어놓은 것이다('|'은 중심선을 나타낸 것임).

1 2 3 4 | 5 6 7 8······ 9단 10자리
8 7 6 5 | 4 3 2 1······ 9단 1자리(첫자리)

(그림2)

1, 2, 3, 4, 5, 6, 7, 8의 9단 십 자리와 1자리가 위·아래로 역(逆)으로 큰 원(圓)을 그리고 있다. 위·아래 두 자연수는 음수(陰數)와 양수(陽數)로 짝을 이루고 더하기를 하면 9이다.

(그림2) 중심선(|) 좌우(左右)로 4와5(5와4)가 역수(逆數)대칭으로 1, 2, 3, 4, 5, 6, 7, 8의 중심이다. 중심선(|)을 좌우로 1, 2, 3, 4, 5, 6, 7, 8의 두 개의 원이 서로 다른 방향에서 8자로 돌고 있다.

세상사가 항시 보름달과 같았으면 좋겠는데 그럴 일은 절대로 없다. (그림2)를 보면 처음 수 1앞에 바로 붙는 숫자가 8이다. 하나(1)는 양이고 또 하

나 '8'은 음이다. 이렇게 양(陽)1에 음(陰)8이 붙어 합인9를 이루어 8자를 그리고 있다.

　신화는 전설로 남게 되고 그 전설도 언젠가는 바람처럼 사라진다. 신화와 몰락(沒落)도 이런 것이다.

7. 구구표 1자리와 천수삼합

(그림1)은 구구표 1자리 수(첫자리)를 1단으로부터 9단까지 순서대로 옮긴 것이다.

구구표 81방의 처음 수1(1×1)과 81(9×9)자리에 1이 위치하고 있으며 1, 2, 3, 4, 5, 6, 7, 8, 9낙서 아홉수(=1단)가 9를 향하여 'ㄱ'자와 'ㄴ'자로 큰 방(方:□)을 이루고 있다. 구구표 81방 중심수 25(5×5)자리에 '5(中土)'가 자리를 하고 있으며 2단과 8단은 '0'을 중심으로 2, 4, 6, 8지수(地數)가 자리를 같이 하고 있으며 원(○)안에 8자(∞)를 그리고 있다.

1	2	3	4	5	6	7	8	9	1단
2	4	6	8	0	2	4	6	8	2단
3	6	9	2	5	8	1	4	7	3단
4	8	2	6	0	4	8	2	6	4단
5	0	5	0	5	0	5	0	5	5단
6	2	8	4	0	6	2	8	4	6단
7	4	1	8	5	2	9	6	3	7단
8	6	4	2	0	8	6	4	2	8단
9	8	7	6	5	4	3	2	1	9단

(그림1)

이 번 에는 중심 수 5단을 기준으로 하여 서로 대칭을 했을 때 짝이 되는 단끼리 어떤 관계를 이루는가를 알아본다. (그림1)을 재정리를 하면 (그림2)

가 되어 서로 마주보고 있는 수가 짝을 이루는 단이다. 즉, 1과 마주보고 있는 9는 1단과 9단이며 2와 8은 2단과 8단이고 나머지 3과 7, 4와 6도 마찬가지이다. 이는 문왕후천팔괘방위도(文王後天八卦方位圖) 수리(數理)가 '十'자와 'x'자로 마주하여 10을 이루는 것을 한 눈에 알아보기 쉽게 정리를 한 것이다.

```
 1   2   3   4
     5 中
 9   8   7   6
      (그림2)
```

(그림3-1)은 이와 같이 (그림1), (그림2)에서 대칭이 되는 1단과 9단이다. 화살표 방향으로 따라 가면 1, 2, 3, 4, 5, 6, 7, 8, 9가 돌고 있는 것을 확인 할 수 있다. 2단과 8단은(그림3-2) 2, 4, 6, 8, 0, 2, 4, 6, 8 지수(地數)로 돌고 있다.

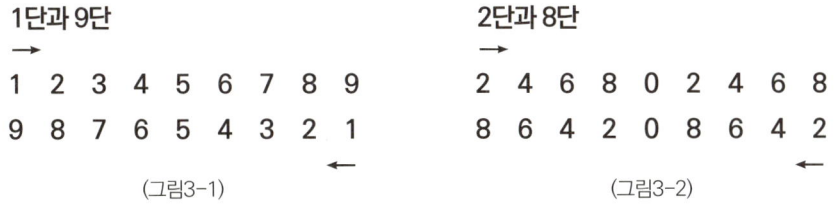

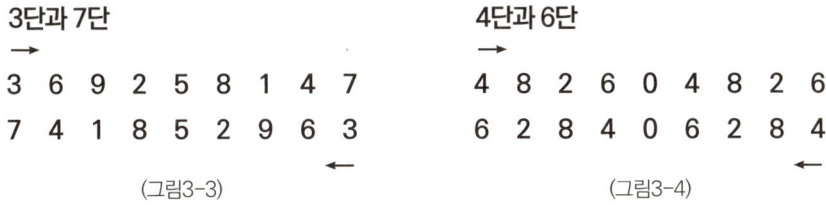

3단과 7단은 3·6·9, 2·5·8, 1·4·7 천수삼합으로 돌고 있으며, 4단과 6단은 '0'을 중심으로 4, 8, 2, 6으로 돌고 있다.

8. 구구표 자릿수 근과 천수삼합

　자릿수 근은 두 자리(10자리) 이상의 수를 1자리 즉, 한자리로 바꾸는 것이다. 예를 들어 12일 경우는 1과2 두 자연수를 더하기를 하면 1+2=3이 되는데 이 때 3을 12의 자릿수 근이라 한다. 37은 3+7=10이다. 10은 두 자리이니 다시 1+0=1이니 마지막 1자리가 되는 1이 37의 자릿수 근이다. 이렇게 했을 때 구구표의 1단에서 9단 까지 자릿수 근은 (그림1)과 같다.

1	2	3	4	5	6	7	8	9	1단
2	4	6	8	1	3	5	7	9	2단
3	6	9	3	6	9	3	6	9	3단
4	8	3	7	2	6	1	5	9	4단
5	1	6	2	7	3	8	4	9	5단
6	3	9	6	3	9	6	3	9	6단
7	5	3	1	8	6	4	2	9	7단
8	7	6	5	4	3	2	1	9	8단
9	9	9	9	9	9	9	9	9	9단

(그림1)

　(그림1)에서 1단은 1,2,3,4,5,6,7,8,9이다. 여기서 3·6·9 자연수를 (그림2)와 같이 위치 변동을 하여 세 개의 삼각형(△)을 만든다.

(그림2)

(그림2)의 세 개의 삼각형 꼭지점을 같은 자리 수와 정리를 하여 田자를 만든 것이다.

3	6	9
1	4	7
2	5	8

(그림3)

(그림3)은 1·4·7, 2·5·8, 3·6·9천수삼합이다. (그림4)는 (그림1)의 2단을 (그림2)(1단)과 같은 방법으로 정리를 한 것이다. 1단과 마찬가지로 3·6·9만 위치변동 했다.

```
    6         3         9
  2   4     8   1     5   7
```
(그림4)

6	3	9
2	8	5
4	1	7

(그림5)

(그림5)는 (그림4)의 세 개의 삼각형 꼭지점을 같은 자리수와 정리를 하여 田자를 만든 것이다.(그림5) 역시 앞뒤 순서는 바뀌었으나 1·4·7, 2·5·8,

3·6·9천수삼합을 이룬다. 3단은 3·6·9순열이고 6단은 6·3·9순열이며 9단은 모두 9다. 나머지 4, 5, 7, 8단 역시 1단과 같은 방법으로 했을 때 순서는 바뀔지라도 1·4·7, 2·5·8, 3·6·9천수삼합을 이루는 것은 마찬가지이다. 여기서 눈에 띄는 것이 있다. 8단의 8, 16, 24, 32, 40, 48, 56, 64, 72의 자릿수 근이 8, 7, 6, 5, 4, 3, 2, 1, 9라는 것이다.

(그림1)을 보니 구구표1, 2, 3단 3×3=9부분에서 3·6·9천수삼합이 보이며(고딕 숫자 참조), 6, 7, 8단 6×6=36부분에서 3·6·9천수삼합이 보인다(고딕 숫자 참조).

처음 수 1로부터 2×2=4자리에 4, 구구표25(5×5)자리에 7이 있어 1·4·7천수삼합이고, 6×6자리에 3·6·9천수삼합이며 9×9=81자리에 또 하나의 9가 있어 구구표 81방의 중심수 자리에 9가 셋(3)이다(구구표의 3×3=9, 6×6=36, 9×9=81자리).

> ※ 참고 : 그림1의 구구표 자릿수 근 7을 중앙으로 '十'자를 이루는 5단의 5, 1, 6, 2, 7, 3, 8, 4, 9에서 앞에 5를 빼면 하도수 오행 1·6(수), 2·7(화), 3·8(목), 4·9(금)이다.

9. 천수삼합 3·7 피라미드

앞에서 3과7에 의한 천수삼합을 증명하였다. (그림1)은 낙서수(洛書數=1단)를 1로부터 9까지 곱셈 피라미드이다.

$$1 \times 3 = 3 \quad \downarrow$$
$$12 \times 3 = 36$$
$$123 \times 3 = 369$$
$$1234 \times 3 = 3702$$
$$12345 \times 3 = 37035$$
$$123456 \times 3 = 370368$$
$$1234567 \times 3 = 3703701$$
$$12345678 \times 3 = 37037034$$
$$123456789 \times 3 = 370370367$$

(그림1)

(그림1)을 우측 빗변에 해당 되는 부분을 위에서 아래로 읽는다(↘). 3·6·9, 2·5·8, 1·4·7 천수삼합이다. 이것을 옮기면 (그림2)와 같다.

3	6	9
2	5	8
1	4	7

(그림2)

(그림3)은 (그림1)과 같은 방법으로 7을 곱하기를 한 셈이다.

1X7=7
12X7=84
123X7=861
1234X7=8648
12345X7=86415
123456X7=864192
1234567X7=8641969
12345678X7=86419746
123456789X7=864197523 ↑
(그림3)

(그림3)은 (그림1)과 반대로 아래에서 위로 읽는다(↖). 3·6·9, 2·5·8, 1·4·7 이다. (그림3)을 (그림2)와 같은 방법으로 옮기면 (그림4)와 같다.

7	4	1
8	5	2
9	6	3

(그림4)

위에서 아래로 우(右)→좌(左)로 1·4·7, 2·5·8, 3·6·9 천수삼합이다.

다음은 9단으로 1,2,3 세 자리로 증명을 해본다.

$$123 \times 9 = 1107$$
$$123 \times 18 = 2214$$
$$123 \times 27 = 3321$$
$$123 \times 36 = 4428$$
$$123 \times 45 = 5535$$
$$123 \times 54 = 6642$$
$$123 \times 63 = 7749$$
$$123 \times 72 = 8856$$
$$123 \times 81 = 9963$$

(그림5)

(그림5)는 123을 9단 9, 18, 27, 36, 45, 54, 63, 72, 81 아홉수를 순서대로 곱하기를 한 것이다. 먼저 첫 자리(1자리)를 위에서 아래로 읽으면 7, 4, 1, 8, 5, 2, 9, 6, 3이다. 이것을 거꾸로 읽으면 3, 6, 9·2, 5, 8·1, 4, 7 천수삼합이다. 이 번 에는 첫 자리와 십 자리를 그대로 옮긴다.

7, 14, 21, 28, 35, 42, 49, 56, 63

여기서 7, 14, 21, 28, 35, 42, 49는 7단으로 49는 7×7=49 자리이다 (123×63=7749). (그림5) 백 자리와 천 자리를 그대로 옮기면 이렇다.

11, 22, 33, 44, 55, 66, 77, 88, 99

(그림6)은 1234567 일곱 자리를 9단의 곱셈이다.

$$1234567 \times 9 = 11111103$$
$$1234567 \times 18 = 22222206$$
$$1234567 \times 27 = 33333309$$
$$1234567 \times 36 = 44444412$$
$$1234567 \times 45 = 55555515$$
$$1234567 \times 54 = 66666618$$
$$1234567 \times 63 = 77777721$$
$$1234567 \times 72 = 88888824$$
$$1234567 \times 81 = 99999927$$

(그림6)

첫 자리를 위에서 아래로 읽으면 3·6·9, 2·5·8, 1·4·7 천수삼합이다. 첫 자리와 십 자리를 그대로 옮겨본다. 3, 6, 9, 12, 15, 18, 21, 24, 27이다. 무엇인가? 3단이다. 십 자리까지 빼면 이렇다.

111111·222222·333333 ⋯ 999999

(그림5)와 (그림6)의 123과 1234567로 각각 3과 7자리수이기 때문에 천수삼합이 성립 된 것이다.

10. 4각수와 천수삼합

구구표에서 1, 4, 9, 16, 25, 36, 49, 64, 81 아홉수는 4각수이며 구구표 81방(方:□)의 중심수이다.

1×1=1. 1단이다.

이것을 (그림1)과 같은 사각형을 만든다. 구구표 81큰 방(大方:□)을 땅(地:2)이라 했을 때, 4·9·16·25·36·49·64 일곱 수는 田자를 이루는 '밭(=노동)' 이며, 81(9×9)은 대성괘(大成卦=64卦)의 극즉반(極則反:극에 이르면 되돌아 간다)의 원리와 같다.

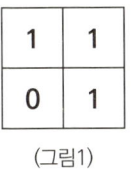

(그림1)

(그림1)의 두 개의 1은 1×1의 1이고, 아래 0,1은 1×1=1에서 사각형이 되려면 아래도 두 자리 수가 되어야 하기 때문에 01이 된 것이다. 먼저 위와 아래 가로줄(橫線)을 더하기를 한다.

1+1=2 → ①

0+1=1 → ②　　①+② = 3

이번에는 ×자로 더하기를 한다.

1+1=2 → ①　　1+0=1 → ②

①+② = 3

가로줄이나 ×자로 더하기를 해도 '3'이다.

(그림2)는 2단의 2×2=4이다. 1단과 같은 방법으로 4각형을 만든다.

(그림2)

가로줄을 더하기를 하면 아래와 같이 된다.

2+2=4 → ①

0+4=4 → ② 4+4=8 (①+②)

이번에는 ×자로 더하기를 한다.

2+4=6 →①

2+0=2 →② 6+2=8 (①+②)

(그림3)은 3×3=9다. 2단의 2×2와 같이 3×3=9를 4각형을 만든다.

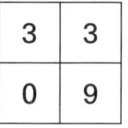

(그림3)

먼저 가로 숫자부터 더하기를 한다.

3+3=6

0+9=9 → 6+9=15 →1+5=6

15가 두 자리 수이기 때문에 한자리 수로 만들어 6이다.

이번에는 ×자로 더하기를 한다.

3+9=12

3+0=3 → 12+3=15 → 1+5=6

(그림4)는 4×4=16이다. 16(4×4)은 두 자리 수이기 때문에 16을 그대로 쓴다.

4	4
1	6

(그림4)

먼저 가로 숫자부터 더하기를 한다.

4+4=8

1+6=7 →8+7=15 →6(자릿수 근)

이번에는 ×자로 더하기를 한다.

4+6=10

4+1=5 →10+5=15 →6(자릿수 근)

나머지 25(5×5)·36(6×6)·49(7×7)·64(8×8)·81(9×9)이렇게 했을 최종 결과의 자릿수 근은 아래와 같다.

1(1×1) : 3
4(2×2) : 8
9(3×3) : 6
16(4×4): 6
25(5×5): 8
36(6×6): 3
49(7×7): 9
64(8×8): 8
81(9×9): 9

여기서 2단·5단·8단의 4각수가 된 2·5·8이 '8'이고 3, 6, 9단은 처음자리인 1의 자리와 36자리(6×6=36)가 3이다. 1단에서 9단 까지 사각수를 이와 같은 방법으로 셈을 했을 때 2(단),5(단),8(단)이 '8'이며, 1(단),4(단),7(단)이 3·6·9다(3단은 3·6·9에 포함됐다).

11. 원방진과 천수삼합

1에서 18까지 수를 (그림1)과 같이 1~9와 10~18까지 순서대로 원을 그리면 원둘래 및 대각선의 합은 똑같이 57이 된다.

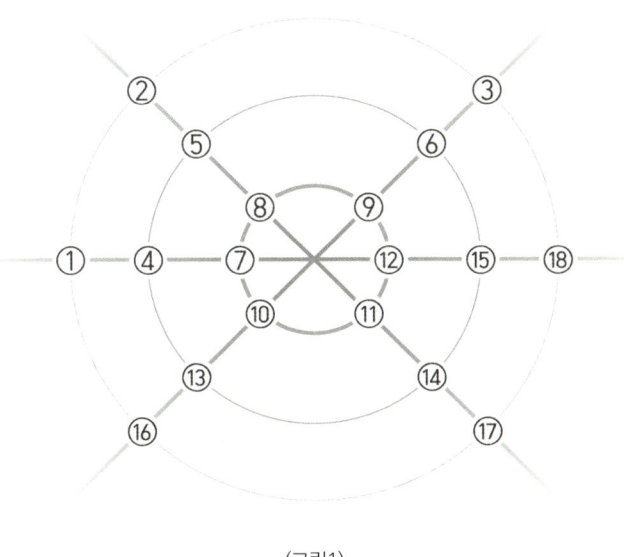

(그림1)

(그림1)은 1·4·7, 2·5·8, 3·6·9 천수삼합이 1로부터 오른쪽(右側)으로 1·2·3, 4·5·6, 7·8·9순으로 아홉수가 자리에 있다.

10에서 18까지 아홉수는 10으로부터 오른쪽(右側) 아래에 10·11·12, 13·14·15, 16·17·18순으로 자리에 있으며 10·13·16의 자릿수 근은 1·4·7이고, 11·14·17의 자릿수 근은 2·5·8이며, 12·15·18의 자릿수 근은 3·6·9이다. 즉, 10에서 18까지는 자릿수 근으로 1·4·7, 2·5·8, 3·6·9 천수삼합이다.

(그림1)의 원둘래 및 대각선의 합57은 십이지(十二支)에서 수리(數理)5 용(辰)과 수리7 말(午)이니 용마(龍馬)가 된다.

(그림2)는 구수략(九數略)곤(坤)의 범수 용오도(範數用五圖)를 구구표25방(方:□)에 대입 한 것이다.

		2		
		8		
3	7	⑤	4	6
		1		
		9		

(그림2)

(그림2)를 十자로 더하기를 하면 25이다.

5(⑤)를 중심수로 1·7·8·4를 내곽(內廓)으로 2·6·9·3을 외곽(外廓)으로 동그라미를 그리면 각각20이며 중심수5를 더하기를 하면 25다.

중심수 5의 十자에서 '⊥'부분의 'ㅣ'에 해당되는 2·8·5는 2·5·8천수삼합이며, 내곽으로 동그라미(○)를 그리는 1·7·8·4는 1·4·7천수삼합과 8이다. 외곽으로 동그라미를 그리는 2·6·9·3은 3·6·9천수삼합과 2이다.

12. 天符經31數와 天數三合

(그림1)은 구구표4각수와 천부경31수이다.

1	2	3	4	5	6	7	8	9
2	4	天	8	10	地	14	16	人
3	6	9		15				2 7
4	天	12	16	地	24	28	人	3 6
5		15		25		35	40	4 5
6	12	18			36	42	48	5 4
7						49		6 3
8							64	人
9	天	地	3 6	4 5	5 4	6 3	7 2	81

一				一		三		
		天	一	一	地	一	二	人
一	三	一		十				
三	天	二	三	地	二	三	人	二
三		三		六		七	八	九
		三	四		五	七	一	
							人	
		天	地	一	一			一

(그림1)

※구구표는 逆(역)'ㄱ(「)'으로 1단(河圖數)과 逆(역)'ㄴ(」)'으로 9단이 큰 네모(□) 바깥 네 변을 이루고 있으며(「+」=□), 81방(方) 중앙의 1, 4, 9, 16, 25, 36, 49, 64, 81 아홉의 4각수를 중심수로 이루어졌다(그림1 참조). 상단 81방안의 天地人과 아라비아 숫자는 천부경에 나오는 한문숫자와 같은 자리의 구구표 數이다. (그림1) 하단 81방은 천부경에 나오는 하도수(河圖數)1, 2, 3, 4, 5, 6, 7, 8, 9, 10의 31자리수이며 천지인(天地人) 삼극(三極)자리이다.

※천부경 81자의 한자(漢字)중에 음은 같으나 글자가 서로 다른 경우도 있고 어떤 것은 음과 글자가 완전히 다른 것을 볼 수 있다. 그 대표적인 글자가 析(석)과 碩(석), 無(무)와 无(무), 匱(궤)와 愧(괴), 妙(묘)와 杳(묘), 衍(연)과 演(연), 昻(앙)과 仰(앙), 地(지)와 中(중)이다.
이 중에서 구구표(그림1) 맨 아래 큰 정사각형(□) 밑변에 해당되는 9단 9, 18, 27, 36, 45, 54, 63, 72, 81의 '中天地一一終無終一'과 '中天中一一終無終一'의 두 가지 해독에서 앞부분 '中天地一'과 '中天中一'은 地와 中을 어떻게 해석 하느냐에 따라서 그 의미의 차이가 매우 크다.
이것을 필자는 中이 아닌 地라고 써야 옳다고 보며 그 이유를 뒤에 나오는 설명으로 대신한다.

천부경 81자는 河圖(하도)를 빼놓을 수 없다.
왜냐하면 천부경 81자에서 1, 2, 3, 4, 5, 6, 7, 8, 9, 10河圖數(하도수) 31자를 빼고 나면 50자만 남는다(81-31=50).
50자에서 始·無·天·地·人·本·萬·終 여덟 글자는 중복 되었고 一(1)에서 十(10)가지를 포함하면 총 45자가 된다.

50은 大衍數(대연수)이며 45는 1, 2, 3, 4, 5, 6, 7, 8, 9 즉, 洛書數(낙서수)를 모두 더하기를 한 수이다. 천부경81자에서 하도수 31자(方)를 빼고 남은 50(方)은 31:50이 됨으로 약 3:2가 된다. 2:3은 황금비례이며 參天兩地(삼천양지)로 2와3은 數(수)의 始原(시원)이다.

그러니까 천부경 81자는 하도수 31자를 빼고 남은 45자를 洛書數와 연결시킨 것이며 天符印(천부인)으로 볼 수 있는 圓方角(원방각)을 구구표로 그릴 수 있다.

(그림1) 상단의 구구표에서 한 눈에 들어오는 것이 큰 네모(□)안에 81方(방)을 左右(좌우)로 1, 4, 9, 16, 25, 36, 49, 64, 81 아홉의 중심 4각수가 두 개의 직각삼각형을 만들었다.

또한 1, 2, 3順(순)으로 9까지 縱橫(종횡)으로 따라 가면 81(9×9)까지 圓(원)을 그리며 만난다. 여기서 逆(역)'ㄴ(┘)'의 9단은 1,2,3,4,5,6,7,8이 첫 자리(1자리)가 아닌 십(十)자리이며 9가 아닌 8로 끝난다(9×9=81).

河圖數 1에서 10은 이렇다.

    1 2 3 4 5 … 生數(先天數:體)
    6 7 8 9 10 … 成數(後天數:用)

(그림1)을 보면 1에서 10까지 하도수가 주로 5단을 중심으로 위(上)에 밀집 된 것을 확인 할 수 있다(31수 중 23수가 있음). 즉, 1, 2, 3, 4, 5 생수자리에 천부경의 天地人과 3·6·9가 있고 구구표2단과 4단 자리에 天·地·人이 있다.

따라서 'ㄴ'자로 9단 9, 18, 27, 36, 45, 54, 63, 72, 81의 '中天地一一終

無終一'과 '中天中一一終無終一'의 두 가지 해독에서 앞부분 '中天地一'과 '中天中一'은 地와 中 둘 중에 地로 해석 하는 것이 옳다.

(그림2)는 (그림1) 상단 구구표4각수 1에서 7까지 부분이다(天과 地는 구구표수로 바꾸었고 고딕숫자는 4각수와 天數三合이다).

1	2	**3**	**4**	5	6	**7**
2	**4**	**6**	8	10	12	14
3	**6**	**9**		15		
4	8	**12**	**16**	20	24	**28**
5		**15**		**25**		**35**
6	12	**18**			**36**	**42**
7						**49**

(그림2)

(그림1)의 1은 구구표와 천부경의 시작수이다.

4는 1에서 7까지의 중심수이며 天地人3에 1을 더하기를 한 셈이고(3+1), 7은 4에 3을 더하기를 한 셈(4+3)으로 4와7은 1로부터 셋(3)씩 더하기를 한 셈이다. 이것이 1·4·7로 ①이다.

1·4·7 … ①

(그림2)에서 'ㄱ'자(세로줄)로 3단 12(3×4), 15(3×5), 18(3×6)은 천부경81방의 二·三·四자리이며 12,15,18의 첫 자리(1자리)는 2·5·8로 ②이며 7단 28(7×4),35(7×5),42(7×6)첫자리는 아래에서 위로 2·5·8이다(그림1:청색方참조).

2·5·8 ···②

(그림2)에서 3단 3,6,9는 逆(역)'ㄴ'자로 3·6·9이며 12,15,18의 자릿수 근도 3·6·9이고 (그림1) 천부경31수 '十'자 6(六)을 중심수로 3(三)·6(六)·9(九)를 이루는 ③이다(12의 근은 1+2=3으로 3이 근이다).

3·6·9 ···③

(그림3)은 1·4·7, 2·5·8, 3·6·9를 ① ② ③順으로 위에서 아래로 옮긴 것이다.

1	4	7	···①		4	9	2
2	5	8	···②		3	5	7
3	6	9	···③		8	1	6

(그림3)   (그림4)

(그림3)을 1의 시작수로부터 좌에서 우로 위에서 아래로 읽으면 1, 2, 3, 4, 5, 6, 7, 8, 9이며 ① ② ③은 1·4·7, 2·5·8, 3·6·9 天數三合(천수삼합)으로 5를 중심으로 '十'자와 '×'자로 더하기를 하면 중심수 밖의 수가 10이다.

이것을 (그림3) 十자로 만나는 2, 4, 6, 8地數(지수)와 '×'자로 만나는

1, 3, 7, 9天數(천수)의 자리를 바꾸면 (그림4) 洛書魔方陣(낙서마방진)이 된다. (그림4)는 어느 쪽으로 더하기를 해도 합이 15가 되지만 (그림3)은 '十'자와 '×'자로만 합이 15이다.

천부경31수에서 天地人(천지인)1, 2, 3단 까지 10수이며 4단에서 7단까지가 15수이고 8과 9단이 6수로 총 31수이다(10+15+6=31數).

다음④는 3단으로 (그림2)에서 3단 12, 15, 18자리를 확인 할 수 있다.

3 6 9 12 15 18 21 24 27 …④

다음⑤는 7단으로 (그림2)에서 28, 35, 42자리를 확인 할 수 있다.

7 14 21 28 35 42 49 56 63 …⑤

(그림5)는 3단④과 7단⑤ 첫 자리(1자리)수이다. 3, 6, 9, 2, 5, 8, 1, 4, 7 천수삼합이 위로부터 아래로 하나의 큰 원을 그리고 중심수5(괄호숫자⑤)로 左右(좌우)로 서로 다른 방향으로 두 개의 원을 그리고 있으며 위·아래 더하기를 하면 10이다.

→
3 6 9 2 ⑤ 8 1 4 7
7 4 1 8 ⑤ 2 9 6 3
                    ←

(그림5)

(그림1) 천부경31수가 '十'자의 '一'자로 중심수를 이루는 3·6·9를 위로는 23수이고 아래는 8수이다(31-23=8). 23은 2와3의 황금비율이며 2×3=6으로 成數(성수)의 시작수이다. 필자는 이미 우주의 비밀은 구구표에 있다고 발표를 한 바 있다. 천부경81자의 비밀 역시 구구표에 있다.

13. 九歸歌와 天數三合

구귀가(九歸歌)는 구구 나눗셈(九歸除法)을 외기 쉽도록 오언으로 지은 마흔 다섯 마디의 글귀다. (그림1)은 구귀가 마흔 다섯(45) 마디 중 1÷7에서 7÷7까지 일곱 마디 부분이고, (그림2)는 (그림1)의 1÷7로부터 6÷7까지 등호(等號:=) 우측(右側)부분이다.

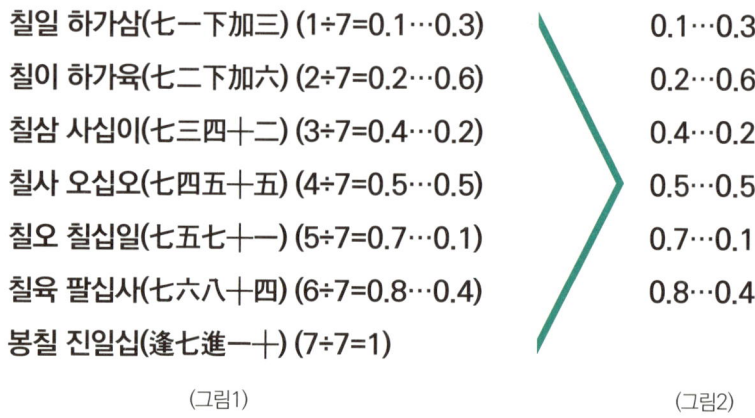

칠일 하가삼(七一下加三) (1÷7=0.1…0.3)　　0.1…0.3
칠이 하가육(七二下加六) (2÷7=0.2…0.6)　　0.2…0.6
칠삼 사십이(七三四十二) (3÷7=0.4…0.2)　　0.4…0.2
칠사 오십오(七四五十五) (4÷7=0.5…0.5)　　0.5…0.5
칠오 칠십일(七五七十一) (5÷7=0.7…0.1)　　0.7…0.1
칠육 팔십사(七六八十四) (6÷7=0.8…0.4)　　0.8…0.4
봉칠 진일십(逢七進一十) (7÷7=1)

(그림1)　　　　　　　　　　　　　　　(그림2)

1÷7=0.142857…142857로 같은 數가 반복해서 나오는 순환소수(循環小數)이다.
2÷7=0.285714…285714로 같은 數가 반복해서 나오는 순환소수이다.
3÷7=0.428571로 428571 같은 數가 반복해서 나오는 순환소수이다.
4÷7=0.571428로 571428 같은 數가 반복해서 나오는 순환소수이다.
5÷7=0.714285로 714285 같은 數가 반복해서 나오는 순환소수이다.
6÷7=0.857142로 857142 같은 數가 반복해서 나오는 순환소수이다.
여기서 7÷7=1이기 때문에 생략하고 1÷7에서 6÷7까지만 택한다.

※(그림2)의 0.1, 0.2, 0.4, 0.5, 0.7, 0.8은 1÷7=0.142857의 0.1로부터 6÷7=0.857142의 0.8까지 '0'다음에 오는 첫째 소수(小數)라는 것을 알 수 있다.

1÷7=0.142857에서 앞에 '0'을 빼고 소수이하 순환소수 142857만 택한다. 나머지 2÷7,3÷7,4÷7,5÷7,6÷7도 이렇게 하면 (그림3)이 된다.

1÷7=142857
2÷7=285714
3÷7=428571
4÷7=571428
5÷7=714285
6÷7=857142

(그림3)

(그림3)에서 1÷7, 2÷7 등 등호(等號) 좌측은 빼고 우측 숫자 142857, 285714, 428571, 571428. 714285, 857142를 보면 1, 2, 3, 4, 5, 6, 7, 8, 9에서 3, 6, 9가 빠졌다.

(그림3)을 다시 보자. 1÷7=142857에서 '142857' 끝자리 수(1자리 수) '7'과 6÷7=857142에서 '857142'의 끝자리 수(1자리 수)'2'를 위(上)에서 아래(下)로(↓) 연결되는 수를 읽으면 '7, 4, 1, 8, 5, 2'가 된다.

(그림3)의 1÷7=142857에서 맨 앞에 있는 1은 (그림1)과 (그림2)에서 1÷7=0.1과 같은 수이다. 이번에는 (그림3)에서 맨 앞자리 수를 위에서 아래로 읽으면 이렇게 된다.

1, 2, 4, 5, 7, 8

1, 2, 4, 5, 7, 8은 (그림1),(그림2)의 1÷7에서 6÷7까지 0.1에서 0.8까지 해당되는 부분이다. 그렇다면 1, 2, 4, 5, 7, 8은 무엇인가? 이것을 알기 위하여 (그림4)와 같은 표를 만들어 보자.

```
1   2   3   4   5   6 …………①
1   2   4   5   7   8 …………②
```
(그림4)

(그림4)에서 ①은 1에서 6까지 홀수와 짝수 순(順)이고, 그 아래에 ②를 대입했다. 이렇게 했을 때 ①에서 홀수와 짝수가 위·아래 서로 마주 보고 만나는 ②번수는 이렇다.

```
1   4   7 ……… (그림4)에서 1, 3, 5 홀수와 마주한 수.
2   5   8 ……… (그림4)에서 2, 4, 6 짝수와 마주한 수.
```

(그림3)에서 1÷7=142857에서부터 6÷7=857142까지 끝자리 수가 '7, 4, 1, 8, 5, 2'였다. 7, 4, 1은 1, 4, 7이고 8, 5, 2는 2, 5, 8의 역순(逆順)이다. 여기에 지금까지 빠진 숫자 3, 6, 9를 1, 4, 7, 2·5·8에 대입하면 (그림5)가 된다.

1	4	7
2	5	8
3	6	9

(그림5)

(그림5)를 1을 중심으로 가로줄(橫線)로 읽으면 1·4·7, 2·5·8, 3·6·9 천수삼합이요, 세로줄(縱線)로 읽으면 1, 2, 3, 4, 5, 6, 7, 8, 9이다.

5를 중심으로 '十'자와 '×'자로 더하기를 하면 15이고, 15는 1에서 5까지 더하기를 한 수이며(1+2+3+4+5=15)자연수 1과5를 더하기를 하면 '6'이다. 이제 (그림2)에서 남은 숫자가 0.3, 0.6, 0.2, 0.5, 0.1, 0.4가 되는데 앞에 '0'을 빼면 3, 6, 2, 5, 1, 4이다. 3, 6, 2, 5, 1, 4역시 (그림6)과 같이 1, 2, 3, 4, 5, 6을 위에 놓고 3, 6, 2, 5, 1, 4를 그 아래에 짝을 지어 나열한다. 구분하기 위하여 1, 2, 3순(順)의 홀수는 괄호숫자로 나타냈다.

① 2 ③ 4 ⑤ 6 ……1,2,3順
3 6 2 5 1 4

(그림6)

(그림6)의 3, 6, 2, 5, 1, 4를 우측에서 좌측으로 홀수를 읽으면 1, 2, 3이고 짝수는 4, 5, 6이다. 즉, 362514는 우(右)에서 좌(左)로 홀수와 짝수가 1, 2, 3, 4, 5, 6이 음수(陰數)와 양수(陽數)의 짝이다.

14. 구수략(九數略)과 천수삼합

(그림1)과 (그림2)는 구수략 坤 낙서의 첫 부분이다(한문숫자를 아라비아 숫자로 바꾸었음).

(그림1 : 천수삼합)　　　　　(그림2 : 낙서 마방진)

(그림1)과 (그림2)를 비스듬히 늘어진 모습으로 보면 1과 9, 3과 7이 위와 아래 좌와 우로 위치가 바뀐 것을 확인 할 수 있다. 그러나 2·5·8은 자리 변동이 없다.

(그림3)은 낙서 마방진이며 (그림4)는 천수삼합으로 (그림1)을 좌로 45도 눕힐 때 모습이다.

```
  4   9   2          1   2   3 → 6
                     4   5   6 → 15 (6:1+5)
  3   5   7          7   8   9 → 24 (6:2+4)
                     ↓   ↓   ↓
  8   1   6         12(3) 15(6) 18(9)
     (그림3)              (그림4)
```

(그림3)은 마방진으로 ＋자 ×자 가로와 세로 어느 방향으로 더하기를 해도 15가 된다. 그러나 (그림4)는 ＋자와 ×자로 더하기를 하면 15가 되지만 1·2·3, 4·5·6, 7·8·9가로로(橫) 더하기를 하면 각각 6·15·24가 되어 자릿수 근(根)은 6·6·6이며 1·4·7, 2·5·8, 3·6·9천수삼합(세로:縱)은 12·15·18이 되어 3·6·9가 자릿수 근이다(자릿수근을 구하는 방법은 십 자리 두 자연수를 더하기를 하여 한 자리수로 바꾼다. 예를 들어 15인 경우는 1+5=6으로 이 때 6이 자릿수 근이다)

(그림2)의 ⑨ ④ ②와 ⑧ ⑥ ①은 삼각형(△)과 역삼각형(▽)으로 두 삼각형을 결합하면 '✡'이 되며 (그림3)에서 1·4·7과 3·6·9천수삼합 역시 두 삼각형 그려서 결합하면 '✡'이 된다.

아울러 (그림2)의 ⑨ ④ ②와 ⑧ ⑥ ①은 (그림3)에서 4·9·2와 8·1·6이라는 것을 알 수 있으며 천수삼합 2·5·8은 (그림3)에서 낙서 마방진의 상단 4·9·2의 셋째 숫자 2와 중심수 5그리고 하단 8·1·6의 첫째 숫자와 대각선(／)을 이루고 (그림4) 천수삼합에서는 중심선을 이루고 있다.

15. 문왕팔괘방위도와 천수삼합

(그림1)은 구구표 25방(方:□)에 천수삼합(天數三合)을 대입했다. 구구표 맨 위 가로줄(橫線)3자리에 고딕 1로부터 좌로(／) 1·4·7, 2·5·8, 3·6·9가 천수삼합이다. 이것을 우로(＼) 읽으면 1, 2, 3, 4, 5, 6, 7, 8, 9가 된다. 1, 2, 3 천지인(天地人)이 하나를 이루고 있으며 1·4·7의 7은 3과 만나(7·3) 10(3+7) 이다. 구구표에서 3단과 7단의 첫 자리(1자리)는 다음과 같다.

3단 → 3 6 9 2 5 8 1 4 7
7단 → 7 4 1 8 5 2 9 6 3

3·6·9, 2·5·8, 1·4·7천수삼합이 순역(順逆)으로 돌고 있다. (그림1)(구구표25방)의 중심수 9가 천수삼합 5와 같은 자리에 있는데(5·9) 5×5(=25)는 구구표 81방 중심수이다.

1	2	**1**₃	4	5
2	**4**₄	6	**2**₈	10
7₃	6	**5**₉	12	**3**₁₅
4	**8**₈	12	**6**₁₆	20
5	10	**9**₁₅	20	25

(그림1)

(그림2)는 낙서마방진(洛書魔方陣)과 구구표 25방에 문왕팔괘방위도(文王八卦方位圖)를 대입했다. 가운데 네모(□)고딕 큰 숫자가 낙서마방진이다.

		☳:9		
	☴:4	9	☷:2	
☰:3	3	5	7	☱:7
	☶:8	1	☵:6	
		☵:1		

(그림2)

(그림1)과 (그림2)는 5를 중앙으로 1, 3, 7, 9 十자가 상하(上下)·좌우(左右)로 자리바꿈이라는 것을 알 수 있다(회색부분). (그림2) 문왕팔괘방위도(文王八卦方位圖)는 낙서마방진의 1, 3, 7, 9가 네모(□)에서 밖으로 나와 동그라미(○)를 즉, 방위를 그린 것이다.

		9①		
	4④		2②	
3⑦		5⑤		7③
	8⑧		6⑥	
		1⑨		

(그림3)

(그림3)은 (그림1)의 천수삼합을 (그림2) 문왕팔괘방위도에 대입을 한 것이다. 괄호숫자가 천수삼합이다. 1, 3, 5, 7, 9가 N자를 만들며 1, 3, 7, 9천수(天數)가 1과 9,3과 7이 '十'자로 10을 이루고 그 안으로 2, 4, 6, 8지수(地數)가 네모(□)를 만들고 있다.

16. 爻(효)의 판단법과 천수삼합

사주학(四柱學)에서 격(格)과 용신(用神)이 있는 것처럼 대성괘(大成卦=64卦)도 중(中)과 정(正), 응(應)·비(比)로 효(爻)를 살펴보고 길흉(吉凶)을 판단한다. 이 때 (그림1)의 천수삼합(天數三合)을 참고로 하면 쉽게 이해할 수 있다. 괄호숫자는 구구표 9방(方:3×3)이며, 세로줄(縱線) 1·4·7, 2·5·8, 3·6·9가 천수삼합이다. 'ㄱ'자의 1·2·3과 3·6·9는 구구표와 같은 수끼리 만나며(고딕 글자), 1, 2, 3을 3씩 더하여 1·4·7, 2·5·8, 3·6·9를 이룬다(1·4·7을 예를 들면 1+3=4, 4+3=7).

1(1)	2(2)	3(3)
4(2)	5(4)	6(6)
7(3)	8(6)	9(9)

(그림1)

(그림2)는 1번 중천건(重天乾:☰)이다. 맨 아래로부터 위로(↑) 1효, 2효, 3효라 하지 않고 초효, 2효, 3효, 4효, 5효, 상효라 하고 초효는 양위(=陽爻:─) 자리이며, 2효는 음위(=陰爻:--) 자리로 1, 3, 5는 양위이며, 2, 4, 6은 음위 자리이다.

(그림2)

 (그림3)에서 기제괘는 초효로부터 상효까지 양위(陽位:1·3·5)에는 양효(—)가, 음위(陰位:2·4·6)에는 음효(- -)가 자리를 했으며, 미제괘는 그 반대다.

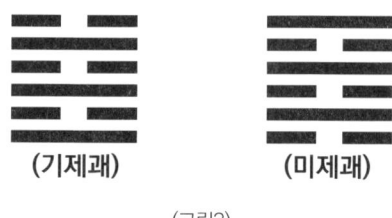

(그림3)

 (그림1)에서 2·5·8(청색 표시)은 중심수가 된다. 즉, 2는 1, 2, 3의 중심이며 5는 4, 5, 6의 중심이다. 기제괘(☵☲)상(象)의 구성일 경우 상괘(上卦=外卦)를 이루는 감괘(坎卦:☵)와 하괘(下卦=內卦)를 이루는 이괘(離卦:☲)의 중심이기도 하다.

 (그림3) 좌측에 있는 기제괘를 보면 2효(음위)에 '음효(- -)'이며, 5효(양위)에 '양효(—)'이다. 여기서 2효(음위) 中(중)자리에 음효(- -), 5효(양위)에 양효(—)가 왔기 때문에 正(정)이라 한다. 그러나 우측 미제괘는 이와 반대로 2효 음위자리에 양효가 있고, 5효 양위자리에 음효가 있으므로 不正(부정)이라 한다. 이렇게 했을 때 2효와 5효가 正이면 매우 길하다고 본다. (그림4)는 3번 수뢰둔(水雷屯=屯卦)과 22번 산화비(山火賁=賁卦)괘이다.

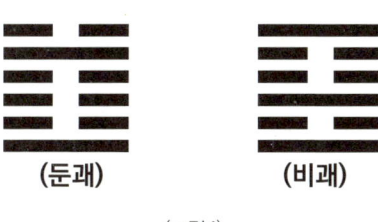

(그림4)

응(應)은 '응하다' '대답하다"란 뜻으로 내괘와 외괘의 각 효사이의 대응(對應)관계를 보는 것이다. 이때 적용되는 것이 (그림1)의 1·4·7, 2·5·8, 3·6·9 천수삼합에서 1과 4, 2와 5 및 3과 6을 본다. 즉, 초효와 4효, 2효와 5효, 그리고 3효와 6효가 각각 대응이다. 이 때 대응되는 두 개의 효가 음과 양일 경우는 정응(正應)으로 '길(吉)하다'로 보고, 반대로 양과 양, 음과 음인 경우는 서로 반발하는 적응(敵應)이 되어 '흉(凶)'으로 본다. (그림4)에서 좌측에 있는 둔괘(屯卦)로 예(例)를 들자.

먼저 초효와 4효는 양효(—:초효)와 음효(--:4효)이니 정응(正應)이다. 2효와 5효 역시 음효(--:2효)와 양효(—:5효)이니 정응이다. 그러나 3효와 6효(=上爻)는 음효(--:3효)와 음효(--:상효)이니 적응(敵應=无應)이다. 여기서 敵應(적응)은 敵으로서 서로 대항한다는 뜻이니 흉(凶)으로 본다.

比(비)는 서로 이웃한 효끼리의 관계를 보는 것으로 음양의 이치로 판단하는 것이다. 양효와 음효가 서로 이웃하면 '相比(상비)라 한다. (그림4) 우측의 비괘인 경우 초효와 2효는 양과 음으로 比(相比)이며, 2효와 3효도 음과 양으로 比다. 3효와 4효는 양과 음으로 比이며, 4효와 5효는 음과 음이니 比가 아니며, 5효와 6효(=上爻)는 음과 양으로 比다.

應(응)은 1·4·7, 2·5·8, 3·6·9 천수삼합에 의한 정당한 짝으로 합(合)하는 것이나 比일 경우는 단순히 도울 뿐이지 정당한 짝이 아니다. 이외에 효의 판단법에 承(받을 승)과 乘(탈 승)이 있다.

承은 서로 접한 두 괘중에서 음효가 양효 아래 있는 경우(⚎)이고. 승(乘)은 반대로 음효가 양효 위(⚍)에 있는 경우다. 承은 음이 양을 따르므로 바람직하나, 乘은 음양관계가 뒤바뀌어 바람직하지 않다. (그림4)에서 좌측 둔괘를 보자. 초효와 2효는 양효가 음효 아래에 있어(⚍) 乘이고, 4효와 5효는 양효가 음효 위에 있어(⚎) 承이다. 이와 같이 괘와 효를 판단하는 기본원칙은 음양원리를 기초로 했다.

Ⅲ. 결론

영국(英國)국기(國旗) '유니언 잭'의 十자와 '×'는 무슨 의미가 있을까?
十자는 그리스도교를 상징으로 알고 있으나 '×'는 무슨 의미이며 낙서(洛書)와 1, 2, 3, 4, 5, 6, 7, 8, 9 아홉수와는 어떤 관계가 있을까. 다음은 천부경(天符經) 81자를 풀이하는데 반드시 필요하다는 진리도(眞理圖)를 필요한 부분만 발췌했다(天符經과 檀君史話29쪽:金東春지음:기린원).

```
                精③  →  身⑥  →  觸⑨
    天神  →    性①  →  心④  →  感⑦  →  人物
                命②  →  氣⑤  →  息⑧
```

精(정)·身(신)·觸(촉)은 3·6·9천수삼합이고, 性(성)·心(심)·感(감)은 1·4·7천수삼합이며, 命(명)·氣(기)·息(식)은 2·5·8천수삼합이다. 다음은 처음 배우는 '기문둔갑(奇門遁甲)'(이을호 지음:동학사)의 126쪽이다.

⊙ 동지의 상·중·하원수는 1·7·4
⊙ 소한의 상·중·하원수는 2·5·8
⊙ 대한의 상·중·하원수는 3·6·9

이와 같이 상수(象數)와 수리론(數理論)뿐만이 점서(占書)까지 천수삼합을 빼놓을 수 없다.

초등학교 1학년 수학교과서를 보니 1단원이 9까지 수(數)가 나온다. 옛날에 셈본 또는 산수가 수학으로 바뀌었다. 산수와 셈본은 같은 말이지만 수학은 수(數)를 익히는 학문이다. 하나(1)에서 아홉(9)까지는 낙서수이며 구구법 1단이다. 수학은 하나부터 시작 된다는 것을 의미한다.

하나 다음에 둘이고, 둘 다음에 셋이다. 요즈음은 다섯 살 어린아이도 백(100)까지 세는 것은 보통이다. 그러나 그 하나를 설명할 수 있는 사람은 그렇게 많지 않다. 수학공부를 하지 않고 셈본만 배웠기 때문이다.

9다음에 오는 10을 이렇게 설명하고 있다.

$$(어떤수) - (어떤수) = 0$$

그 다음 설명이 재미있다. 두루미 5마리가 있습니다. 연못에서 놀다가 5마리 모두 연못 밖으로 나왔습니다. 연못에 남아 있는 두루미는 모두 5-5=0(마리입니다). 그 뒤에 이렇게 이어진다.

$$(어떤 수) - 0 = (어떤 수)$$

그 다음은 이렇다. 다람쥐 6마리가 놀고 있습니다. 나무 아래에 내려온 다람쥐는 한 마리도 없습니다. 나무에 남아 있는 다람쥐는 6-0=6(마리입니다).

초등학교 1학년에게 이미 하도낙서의 기초를 가르치고 있는 셈이다. 5와 5는 하도의 중앙에 흰점 다섯(○)을 상하(上下)로 검은점(●) 다섯과 다섯으로 10이며 6은 성수(成數)의 시작수로 3·6·9고리를 만든다.

1, 2, 3, 4, 5, 6, 7, 8, 9가 낙서마방진과 1·4·7, 2·5·8, 3·6·9천수삼합을 이루어 하나의 그물망처럼 모든 수가 연결되었다. 필자에 의하여 이제 겨우 인터넷 검색에서 볼 수 있으나 앞으로 수리학 연구에 많은 도움이 될 것을 확신한다.

참고문헌 | 〈저서〉 박종구, 2014, 『河圖洛書와 구구표』, 도서출판 무진.
박종구, 2015, 『河圖洛書와 구수락』, 도서출판 무진.
김혁제, 1995, 『原本 周易』, 명문당.
이을로, 2003, 『奇門遁甲』, 동학사.
김동춘, 1989, 『天符經과 檀君史話』, 기린원.
김석진, 2010, 『천부경』, 동방의 빛